신문이 보이고 ⑮
뉴스가 들리는
재미있는
전쟁 이야기

신문이 보이고 뉴스가 들리는 ⑮
재미있는 **전쟁 이야기**

개정판 1쇄 발행 | 2014년 7월 15일
개정판 7쇄 발행 | 2021년 1월 20일

지　은　이 | 양오석 송영심
그　린　이 | 조봉현 권성호
감　　　수 | 서울대학교 뿌리깊은 역사나무

펴　낸　곳 | (주)가나문화콘텐츠
펴　낸　이 | 김남전
편　집　장 | 유다형
편　　　집 | 이보라
외　주　편　집 | 박혜연
디　자　인 | 정란
외　주　디자인 | 이순영
마　케　팅 | 정상원 한웅 정용민 김건우
관　　　리 | 임종열 김하은

출　판　등　록 | 2002년 2월 15일 제10-2308호
주　　　소 | 경기도 고양시 덕양구 호원길 3-2
전　　　화 | 02-717-5494(편집부) 02-332-7755(관리부)
팩　　　스 | 02-324-9944
홈　페　이　지 | www.ganapub.com
이　메　일 | ganapub@naver.com

ISBN 978-89-6736-672-1(74900)

*책값은 뒤표지에 표시되어 있습니다.
*이 책의 내용을 재사용하려면 반드시 (주)가나문화콘텐츠의 동의를 얻어야 합니다.
*잘못된 책은 구입하신 서점에서 바꾸어 드립니다.

*'가나출판사'는 (주)가나문화콘텐츠의 출판 브랜드입니다.

이 도서의 국립중앙도서관 출판시도서목록(CIP)은 서지정보유통지원시스템홈페이지(http://seoji.nl.go.kr)와
국가자료공동목록시스템(http://www.nl.go.kr/kolisnet)에서 이용하실 수 있습니다.(CIP제어번호: CIP2014016284)

· 제조자명 : (주)가나문화콘텐츠
· 주소 및 전화번호 : 경기도 고양시 덕양구 호원길 3-2 / 02-717-5494
· 인쇄일 : 2021년 1월 13일
· 제조국명 : 대한민국
· 사용연령 : 4세 이상 어린이 제품

신문이 보이고 뉴스가 들리는 재미있는 전쟁 이야기 ⑮

글 양오석·송영심 | 그림 조봉현·권성호
감수 서울대학교 뿌리깊은 역사나무

가나출판사

| 머 리 말 |

전쟁과 평화에 대해 생각해 보아요

　전쟁은 많은 사람들이 죽거나 다치는 불행한 일이에요. 그렇지만 우리는 전쟁에 대해 알아야 한답니다. 전쟁을 공부하는 것은 어떻게 하면 전쟁에서 이길 수 있을까를 연구하는 것만은 아니에요. 어떻게 하면 전쟁이 일어나지 않게 막을 수 있을까를 연구하는 것이기도 하지요. 오늘날 전쟁을 연구하는 학자들 역시 전쟁을 막고 사람들이 사이좋게 지낼 수 있는 방법을 찾기 위해 노력하고 있어요.

　여러분도 가끔은 친구와 마음이 맞지 않아 다툴 때가 있을 거예요. 그러나 곧 화해하고, 싸우지 않으면서 사이좋게 지낼 방법을 찾게 되지요? 나라끼리도 마찬가지예요. 이 세상에 사는 모든 사람들, 그리고 우주 저 끝에 사는 다른 별 사람들까지 모두가 친구가 될 수 있는 방법을 찾아야 해요. 그러려면 제일 먼저 할 일이 무엇일까요? 맞아요. 지금까지 일어났던 싸움들을 살펴보고 왜 싸우게 되었는지, 무슨 일이 있었는지 알아야 해요. 그 다음에는 자연히 어떻게 하면 전쟁을 막을 수 있을지 알 수 있을 테니까요.

　이 책을 읽고, 전쟁과 평화에 대해 생각해 보는 여러분이 되었으면 좋겠어요.

전쟁과 평화에 대해 연구하는
양오석

전쟁이 사라진
지구촌을 소망합니다

여러분, 친구와 싸움을 한 적 있나요? 싸움을 하면 서로 주먹질을 하거나, 자존심을 건드리는 말을 하게 돼요. 그래서 몸과 마음이 상하고, 상처가 남지요.

국가나 민족, 혹은 집단 간에 싸움이 벌어지면 전쟁이 돼요. 전쟁으로 인한 상처는 친구와 싸웠을 때와는 비교할 수 없이 오래도록, 깊이 남습니다. 전쟁은 인류가 이룬 유산을 파괴하고, 소중한 생명들의 목숨을 빼앗아요. 사랑하는 사람들과 억지로 이별하고 눈물을 흘리게 만들기도 하지요. 전쟁에 인류가 개발한 핵무기나 대량 살상 무기가 사용된다면 지구촌 전체가 파괴될 수도 있습니다. 이런 전쟁을 막아 지구촌에 영원한 평화를 가져오기 위한 여러 가지 노력 중의 하나가 전쟁사를 살펴보는 것입니다. 이 책에는 우리나라에서 일어난 고대에서 현대까지의 전쟁 이야기, 세계 각지에서 일어난 다양한 형태의 전쟁 이야기가 담겨 있어요. 책을 읽으면서 여러분은 주먹을 꼭 쥐며 마치 전쟁터에 있는 것 같은 긴박감을 느낄 수 있을 거예요. 그리고 한편으로는 전쟁이 가져온 비참한 결과를 가슴 절절히 느끼면서 다시는 전쟁이 일어나지 않게 하겠다는 굳은 다짐을 할 수도 있을 것입니다. 우리나라에서, 아니 지구촌에서 전쟁이 영원히 사라졌으면 하는 간절한 소망을 담아 이 책을 펴냅니다.

역사 교과서 집필 위원
현 중동중학교 역사 교사 송영심

| 추천의 말 |

전쟁의 아픔까지 헤아릴 줄 아는 여러분을 기대하며

인류 역사에서 가장 오래된 사건이자, 셀 수 없이 많이 일어난 사건은 불행하게도 바로 전쟁이었습니다. 역사 속의 전쟁은 단순히 무기의 좋고 나쁨으로만 승패가 갈리지는 않았어요. 전쟁에 맞닥뜨린 인간들의 지혜와 노력, 기술과 능력에 의해 승패가 갈렸지요.

시야를 좀 더 넓혀 보면, 전쟁은 나라의 미래를 결정짓는 의미도 가지고 있었습니다. 나라끼리 전쟁이 일어났을 때는 온 힘을 다해서 싸웠기 때문에, 전쟁에서 이기거나 지는 것이 곧 그 나라의 운명을 좌우하는 결과를 가져오는 경우가 많았지요.

그러고 보니 전쟁은 어쩌면 우리가 살고 있는 대한민국의 운명과도 바로 연결될 수 있는 중요한 일이네요. 하지만 그리 실감 나지는 않을 거예요. 전쟁, 하면 그저 군인들이 총을 들고 싸우는 모습이 떠오르니까요.

지금도 세계 곳곳에서 벌어지고 있는 전쟁은 우리 생활에 큰 영향을 주고 있답니다. 저 멀리 이란과 이라크에서 벌이는 전쟁으로 우리나라의 석유 값이 크게 오르는 것만 봐도 쉽게 알 수 있지요. 더군다나 우리나라는 아직 6·25 전쟁이 완전히 끝나지 않은 '휴전' 상태에 있기 때문에 전쟁은 우리에게 더욱 중요한 의미로 다가옵니다.

    전쟁을 통해 지난 역사를 돌이켜보는 것은 앞으로 다가올 일들을 지혜롭게 대처할 수 있게 하는 지도와 나침반이 되어줄 거예요. 그런 의미에서 여러분이 지금 읽고 있는 이 책은 우리의 현재와 미래를 바라보는 데에 많은 도움이 될 것입니다. 먼 옛날 고조선이 중국과 대결하던 때부터 불과 몇 해 전에 끝난 이라크 전쟁에 이르기까지의 방대한 역사를 한 권에 담고 있어, 우리나라와 세계 전쟁사를 한 번에 꿸 수 있거든요.

    이 책은 각 시대별로 특히 중요한 의미를 갖고 있는 전쟁을 선정했기 때문에 그 내용을 따라가다 보면 거대한 역사의 흐름을 한 눈에 살펴볼 수 있습니다. 특히 지도와 사진 등 풍부한 시각 자료가 함께 실려 있어 전쟁이 어떻게 진행되었고, 어떤 결과를 가져왔는지 생생하게 알 수 있지요. 또 한국과 세계의 전쟁 이야기를 골고루 담고 있어 같은 시기에 우리나라와 세계에서 어떤 일이 일어났는지 비교해볼 수도 있습니다. 이런 과정을 통해 어린이 여러분은 역사를 보는 체계적인 눈을 갖고, 한국과 세계를 종횡무진 넘나들 수 있게 될 것입니다.

    이 책을 통해 흥미진진한 전쟁 이야기를 접하는 것을 넘어, 전쟁이 가진 아픔까지도 헤아릴 수 있는 멋진 여러분이 되기를 기대합니다.

서울대학교 뿌리깊은 역사나무
김태웅 교수

| 차례 |

머리말 · 4

추천의 말 · 6

1장 전쟁으로 보는 한국사 고조선부터 6·25 전쟁까지 · 12

1 고조선의 멸망 고조선과 한의 전쟁 · 14
고조선 vs. 한나라 | 기원전 109 ~ 기원전 108년

2 동북아시아 최대의 전쟁 고구려와 수·당의 전쟁 · 18
고구려 vs. 수나라 | 598 ~ 614년 / 고구려 vs. 당나라 | 645 ~ 668년

3 신라, 당을 몰아내고 삼국 통일을 이루다 나당 전쟁 · 24
신라 vs. 당나라 | 670 ~ 676년

4 강동 6주를 손에 넣고 천리 장성을 쌓다 고려와 거란의 전쟁 · 28
고려 vs. 거란 | 993 ~ 1019년

5 고려 민중의 40여 년 투쟁 대몽 항쟁 · 34
고려 vs. 원나라 | 1231 ~ 1273년

6 동북아시아의 정세를 바꾼 임진왜란 · 38
조선 vs. 일본 | 1592 ~ 1598년

7 조선의 굴욕으로 이어진 두 달 간의 전쟁 병자호란 · 42
조선 vs. 청나라 | 1636 ~ 1637년

8 조선의 문을 열어라 병인양요와 신미양요 · 46
조선 vs. 프랑스 | 1866년 / 조선 vs. 미국 | 1871년

9 봉건 지배와 외세에 항거하다 동학 농민 전쟁 · 50
조선 관군·일본군 vs. 동학농민군 | 1894년

10 조선을 집어삼키려는 일본의 야욕 청일 전쟁과 러일 전쟁 · 54
청나라 vs. 일본 | 1894~1895년 / 러시아 vs. 일본 | 1904 ~ 1905년

11 한민족을 남북으로 나눈 비극 6·25 전쟁 · 58
한국·유엔연합군 vs. 북한·중공군 | 1950 ~ 1953년

2장 전쟁으로 보는 세계사 고대 국가들의 격돌 · 62

1 동서양 최초의 대결 **그리스·페르시아 전쟁 · 64**
그리스 vs. 페르시아 제국 | 기원전 492 ~ 기원전 448년

2 그리스의 지배권을 잡아라 **펠로폰네소스 전쟁 · 68**
아테네 vs. 스파르타 | 기원전 431 ~ 기원전 404년

3 헬레니즘 문명의 시작 **알렉산드로스 대왕의 동방 원정 · 72**
마케도니아·그리스 연합군 vs. 페르시아 제국 | 기원전 334 ~ 기원전 323년

4 지중해를 장악하고 제국이 된 로마 **포에니 전쟁 · 76**
로마 제국 vs. 카르타고 | 기원전 264 ~ 기원전 146년

5 만리장성을 쌓게 한 이민족의 침입 **진과 흉노의 충돌 · 80**
진나라 vs. 흉노 | 기원전 221 ~ 기원전 206년

3장 전쟁으로 보는 세계사 영토와 권력을 두고 싸운 중세 · 84

1 서로마 제국의 몰락을 부른 게르만 족의 이동 **서로마 제국 vs. 게르만 족 · 86**
서로마 제국 vs. 게르만 족 용병 | 375 ~ 476년

2 예루살렘을 둘러싼 종교 전쟁 **십자군 전쟁 · 92**
서유럽 기독교 국가 vs. 이슬람 국가 | 1096 ~ 1270년

3 세계에서 가장 넓은 땅을 차지하다 **몽골 제국의 정복 전쟁 · 96**
몽골 제국 vs. 아시아와 동유럽 여러 나라 | 1206 ~ 1368년

4 천 년 제국을 멸망시킨 **오스만·비잔티움 전쟁 · 100**
오스만 제국 vs. 비잔티움 제국 | 1302 ~ 1453년

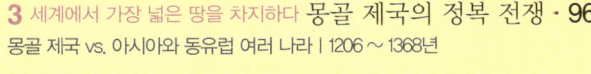

4장 전쟁으로 보는 세계사 중세부터 근세까지 일어난 전쟁들 · 104

1 영토를 두고 100년 넘게 싸우다 **백 년 전쟁** · 106
영국(잉글랜드) vs. 프랑스 | 1337 ~ 1453년

2 아메리카를 대표하는 제국을 몰락시킨 **에스파냐와 잉카 제국의 전쟁** · 110
에스파냐 vs. 잉카 제국 | 1532 ~ 1533년

3 엘리자베스 1세의 시대를 연 **영국 · 에스파냐 전쟁** · 114
영국(잉글랜드) vs. 에스파냐 | 1585 ~ 1604년

4 유럽 최대의 종교 전쟁 **30년 전쟁** · 118
신성 로마 제국 등 가톨릭 세력 vs. 보헤미아 등 반 가톨릭 연합 | 1618 ~ 1648년

5 왕이 처형되고 공화정이 선포되다 **청교도 혁명** · 122
영국 왕당파 vs. 영국 의회파 | 1642 ~ 1649년

6 과중한 세금 정책이 불러온 **미국 독립 전쟁** · 126
영국 vs. 미국 13주 | 1775 ~ 1783년

5장 전쟁으로 보는 세계사 근대의 열강들과 제국주의 · 130

1 프랑스의 황제, 전 유럽의 통일을 꿈꾸다 **나폴레옹 전쟁** · 132
프랑스 vs. 유럽 여러 나라 | 1803 ~ 1815년

2 식민지가 아닌 독립 국가로 서다 **라틴 아메리카의 독립 전쟁** · 136
에스파냐, 프랑스 등 vs 라틴 아메리카 여러 국가 | 1804 ~ 1825년

3 종이호랑이가 된 중국 **아편 전쟁** · 140
영국 vs. 중국 | 1840 ~ 1860년

4 인도 최초의 반영 운동 **세포이의 항쟁** · 144
영국 vs. 무굴 제국 용병 | 1857 ~ 1859년

5 남부와 북부의 입장 차이로 인한 내전 **미국 남북 전쟁** · 148
미국 남부 연합군 vs. 북부 연방군 | 1861 ~ 1865년

6 철혈 재상, 독일 통일을 선포하다 프로이센·프랑스 전쟁 · 152
독일 프로이센 vs. 프랑스 | 1870 ~ 1871년

6장 전쟁으로 보는 세계사 세계 대전과 현대의 전쟁들 · 156

1 유럽의 제국주의가 일으킨 재앙 제1차 세계 대전 · 158
연합국(영국, 프랑스, 러시아 등) vs. 동맹국(독일, 오스트리아 등) | 1914 ~ 1918년

2 인류 역사상 가장 큰 전쟁 제2차 세계 대전 · 164
연합국(영국, 프랑스, 미국, 소련 등) vs. 추축국(독일, 이탈리아, 일본 등) | 1939 ~ 1945년

3 아프리카 대륙 유럽 식민지의 독립 알제리 전쟁 · 170
프랑스 vs. 알제리 | 1954 ~ 1962년

4 강대국 미국의 굴욕으로 남은 베트남 전쟁 · 174
미국 vs. 베트남 | 1964 ~ 1975년

5 영토와 석유를 둘러싼 충돌 이란·이라크 전쟁 · 178
이란 vs. 이라크 | 1980 ~ 1988년

6 대량 살상 무기와 검은 황금 이라크의 전쟁 · 182
미국 외 다국적군 vs. 이라크 | 1991년, 2003 ~ 2011년

지은이와 쓴 글 | 사진 출처 · 186

찾아보기 · 187

1장 전쟁으로 보는 한국사
고조선부터 6·25 전쟁까지

한반도에 처음 나라가 들어선 것은
기원전 2333년 단군왕검이 고조선을 세웠을 때였어요.
그 뒤 우리 민족은 외세의 침범을 당하기도 하고,
서로 싸우기도 하면서 역사를 발전시켜 왔답니다.
우리나라가 어떤 전쟁을 거치며
오늘에 이르렀는지 함께 살펴볼까요?

기원전 753년		로마 건국
기원전 221년		진나라, 중국 통일
기원전 109 ~ 기원전 108년	1	고조선의 멸망, 고조선과 한의 전쟁 고조선 vs. 한나라
598 ~ 614년 645 ~ 668년	2	동북아시아 최대의 전쟁, 고구려와 수·당의 전쟁 고구려 vs. 수나라 / 고구려 vs. 당나라
670 ~ 676년	3	신라, 당을 몰아내고 삼국 통일을 이루다, 나당 전쟁 신라 vs. 당나라
993 ~ 1019년	4	강동 6주를 손에 넣고 천리 장성을 쌓다, 고려와 거란의 전쟁 고려 vs. 거란
1231 ~ 1273년	5	고려 민중의 40여 년 투쟁, 대몽 항쟁 고려 vs. 원나라
1592 ~ 1598년	6	동북아시아의 정세를 바꾼, 임진왜란 조선 vs. 일본
1636 ~ 1637년	7	조선의 굴욕으로 이어진 두 달 간의 전쟁, 병자호란 조선 vs. 청나라
1866년 1871년	8	조선의 문을 열어라, 병인양요와 신미양요 조선 vs. 프랑스 / 조선 vs. 미국
1894년	9	봉건 지배와 외세에 항거하다, 동학 농민 전쟁 조선 관군·일본군 vs. 동학농민군
1894 ~ 1895년 1904 ~ 1905년	10	조선을 집어삼키려는 일본의 야욕, 청일 전쟁과 러일 전쟁 청나라 vs. 일본 / 러시아 vs. 일본
1914 ~ 1918년		제1차 세계 대전
1939 ~ 1945년		제2차 세계 대전
1950 ~ 1953년	11	한민족을 남북으로 나눈 비극, 6·25 전쟁 한국·유엔연합군 vs. 북한·중공군
1991년		소련 연방 해체

* 요즘엔 기원전(B.C.)을 공동 연대 이전(B.C.E.)으로, 기원후(A.D.)를 공동 연대(C.E.)로 나타내기도 해요. 역사 연대를 나타낼 때 종교적 의미가 없는 말을 쓰기 위해서예요. 기원전과 기원후에는 예수가 태어나기 이전과 이후라는 의미가 담겨 있거든요.

고조선의 멸망
고조선과 한의 전쟁

단군왕검이 하늘에 제사를 지낸 곳으로 알려진 마니산 참성단

고조선은 청동기 시대를 바탕으로 단군왕검이 기원전 2333년에 세운 우리나라 최초의 국가예요. 2천 년의 역사를 가지며 발전해 오던 고조선에 기원전 194년, 큰 변화가 일어났어요. 당시 고조선의 왕이었던 준왕이 연나라에서 천여 명의 무리를 이끌고 내려온 위만을 고조선에 살게 해 주었는데, 그가 준왕을 내쫓고 왕이 된 거예요. 위만이 왕이 된 이후의 고조선을 위만 조선이라고 해요.

위만 조선이 중계 무역으로 동아시아의 강국으로 성장하다

고조선은 영토가 사방으로 수천 리에 이를 정도로 눈부신 발전을 이룩했어요. 위만은 우수한 철제 무기를 바탕으로 중국을 둘러싸고 있는 국경 지대의 이민족들이 고조선 쪽으로 침입해 들어오지 못하도록 견제하면서 영토를 넓히는데 노력했어요. 특히 고조선은 한반도 남쪽의 부족국가 진의 특산물을 중국의 한나라에 가져다 파는 중계 무역을 통해 막대한 이득을 얻었어요. 고조선은 한나라와 진의 중간 지역을 차지하고 있었기 때문에 진이 과일과 술 등 특산물을 직접 한나라에 가져가는 것을 막았지요. 결

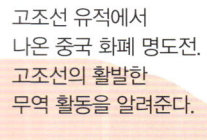
고조선 유적에서 나온 중국 화폐 명도전. 고조선의 활발한 무역 활동을 알려준다.

국 이러한 고조선의 태도가 한나라의 침입을 받게 되는 주요 원인이 되었어요.

한 무제가 고조선 침공을 명하다

중국에서는 한나라가 동북아시아의 최대 강국으로 세력을 떨치고 있었는데, 특히 제7대 황제인 한 무제는 활발한 정복 활동을 펼치고 있었어요. 이때 남쪽의 진이 한나라에 조공을 바치려 했는데, 위만의 손자인 우거왕이 이를 막고 못하게 했어요. 한나라는 사신 섭하를 보내어 우거왕에게 남쪽 사람들에게 길을 내주라고 했지만, 우거왕은 듣지 않았고 오히려 섭하를 죽여 버렸지요. 이에 노한 한 무제는 양복과 순체 두 명의 장군에게 5만의 군사를 주어 고조선을 침범하여 공격하게 했어요. 이때가 기원전 109년이지요.

제사를 지내는 한 무제

고조선을 침공한 한 무제

왕검성 문을 굳게 닫고 항전하다

그러나 우거왕은 용감하게 한나라 군사와 맞서 싸웠어요. 한나라 장군 양복이 7천여 명의 군사로 왕검성 공격에 나서자 군사를 거느리고 친히 나서 무찔렀지요. 그 후로도 우거왕은 왕검성을 굳게 닫고 몇 달을 버티며 항전을 계속했어요.

금방이라도 고조선을 무너뜨릴 것 같은 기세로 침공해온 한나라 군대는 당황하기 시작했어요. 게다가 고조선을 무너뜨리지 못하고 있는 것에 대해 한나라 장군들이 서로에게 책임을 떠넘기면서 심각한 의견 대립이 생겼지요. 이 사실을 알게 된 한 무제는 제남태수 공손수를 급히 보내 사태를 수습하게 했어요. 공손수는 일단 모든 책임을 좌장군 양복에게 돌려, 그의 군대 통솔권을 몰수하는 한편, 양복에 대한 체포를 명령했어요. 그리고 양복의 군대를 누선장군 순체의 휘하에 보내어 순체가 모든 군사를 지휘하게 했어요.

공손수의 사태 수습으로 한나라 군대의 사기는 한층 높아졌어요. 순체는 군사들을 독려하여 하루에도 몇 번씩 왕검성을 공격했어요. 이렇게

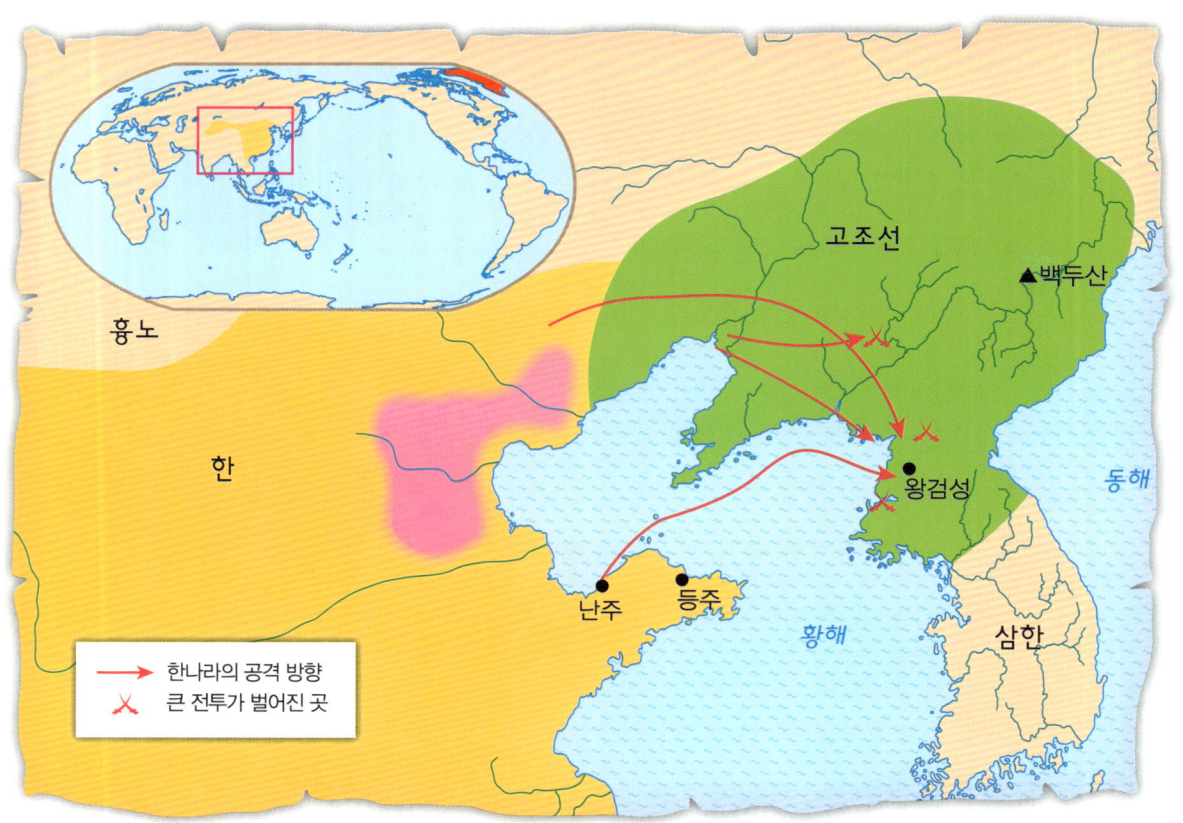

한나라 군의 공격 수위가 높아지자, 고조선을 이끌고 있던 지배층들도 끝까지 한나라와 싸워야 한다는 사람들과 도저히 이길 수 없으니 항복하자는 사람들로 나누어지면서 분열이 일어나기 시작했어요.

내부 분열 속에 왕검성이 함락되다

한나라의 군사력에 겁이 난 위만 조선의 재상 노인과 한음, 대신 삼과 장군 왕겹 등이 한나라에 항복할 것을 주장했어요. 우거왕은 이들의 말을 따르지 않고 투쟁을 계속했지요. 그러자 이들 중 한음과 왕겹은 몰래 도망쳐 한에 투항했어요. 왕검성에 남아 있던 삼도 기회를 엿보다가 자객을 보내 우거왕을 죽이고 한나라에 항복했지요. 그러나 왕검성은 아직 함락되지 않았어요. 우거왕의 대신인 성기가 왕검성 문을 굳게 닫고 끝까지 싸우고 있었기 때문이에요. 한나라는 왕검성을 함락하기 위해 우거왕의 아들 장강과 재상 노인의 아들 최를 시켜 조선의 백성들을 설득하여 끝까지 항전하던 성기를 죽이게 했어요.

기원전 108년 대제국 한나라의 침공에 1년간이나 버티며 항전하던 고조선은 그렇게 역사 속으로 사라지고 말았어요. 고조선이 있던 자리에는 한나라가 세운 낙랑, 임둔, 진번, 현도의 4군현이 설치되었지요. 고조선은 멸망했지만 고조선 사람들은 중국의 지배를 순순히 따르지 않았어요. 틈만 나면 한나라 군사들을 고조선 땅에서 몰아내기 위해 투쟁했답니다.

고조선의 대표적인 유물인 비파형 동검과 탁자식 고인돌이야.

동북아시아 최대의 전쟁
고구려와 수·당의 전쟁

고구려인의 용맹함을
보여 주는 벽화, 무용총 수렵도

얍! 나도
고구려인들처럼
용맹하게!

고구려는 한나라 군을 몰아낸 자리에서 일어나 세력을 키웠어요. 당시 중국은 한나라의 멸망 뒤 약 300년 동안 서로 싸웠어요. 그 틈에 고구려는 광개토 대왕과 장수왕 시대를 맞아 국토를 넓히고 나라 살림을 키웠지요. 그런데 수나라가 중국을 통일하면서 고구려와 마찰을 빚게 되었어요.

고구려와 수나라, 전쟁을 시작하다

598년, 고구려의 영양왕이 먼저 중국의 요서 지역을 공격했어요. 화가 난 수나라 황제 문제는 고구려 침략을 명령했지요. 문제는 막내아들인 한왕에게 30만 대군을 주어 보냈어요. 하지만 수나라 육군과 수군은 모두 고구려군에게 크게 패하고 돌아갔지요. 뒤를 이은 황제인 양제는 철저하게 고구려 침략을 준비했어요. 그리고 612년, 마침내 113만 명의 대군을 이끌고 고구려로 쳐들어왔답니다.

하지만 이번에도 수나라가 뜻한 대로 일이 풀리지는 않았어요. 바다를 건너와 평양성을 공격한 수나라 수군은 고구려군에게 크게 패했지요. 양제가 직접 이끌던 육군도 고구려의 요동성을 공격했지만 거센 저항에 부딪쳐 석 달 동안 아무 성과도 내지 못했어요. 초조해진 양제는 30만 명의 군사로 별동대로 꾸려 평양성을 공격하기로 했어요. 별동대란 본래 부대에서 떨어져 나와 따로 행동하는 부대를 말해요.

598년에 고구려를 공격한 수 문제(위)와 612년에 고구려를 공격한 수 양제(아래)

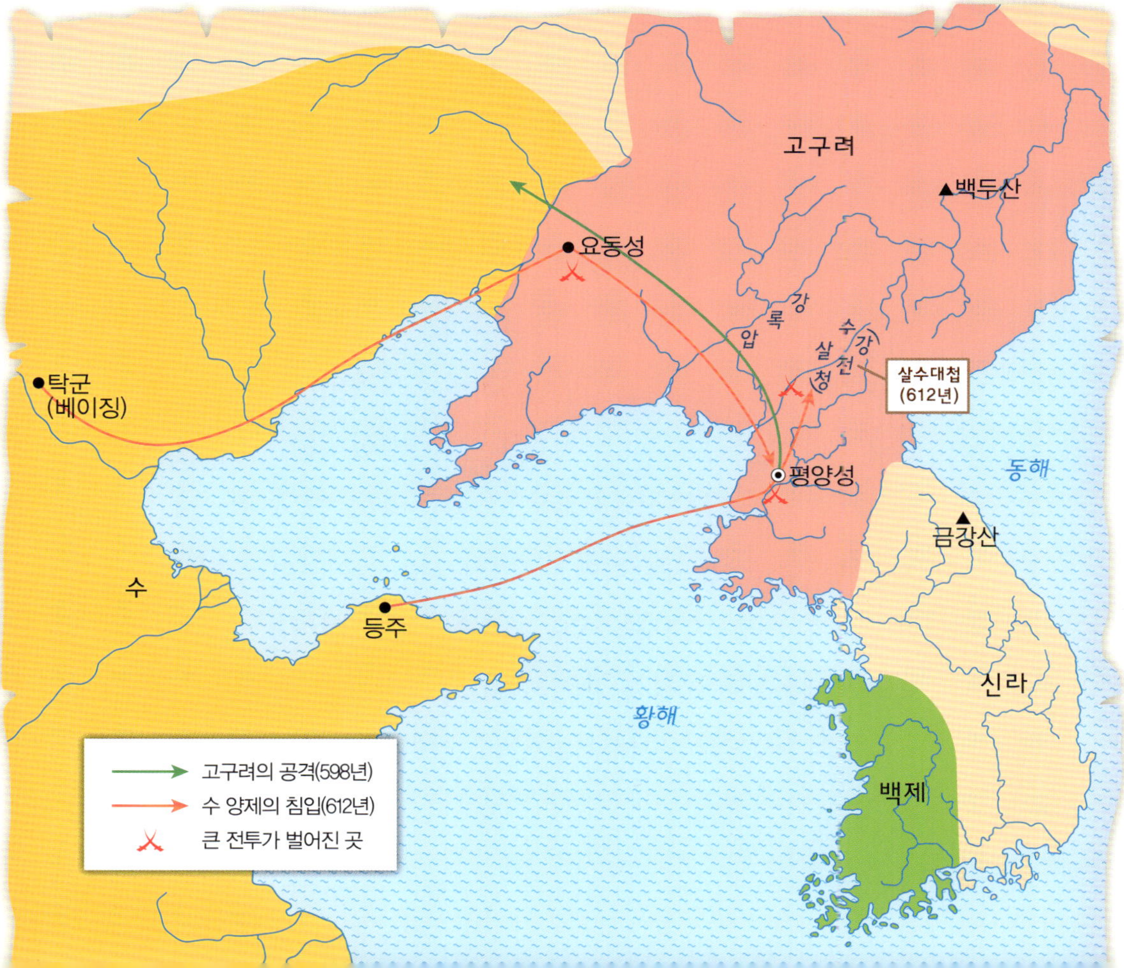

을지문덕 장군의 지혜, 살수 대첩

수나라와 전쟁을 승리로 이끈 을지문덕 장군

고구려의 을지문덕 장군은 양제의 계략을 꿰뚫어 보고 크고 작은 전투를 벌이며 수나라군을 지치게 만들었지요. 수나라 별동대는 살수를 건너 평양성 부근까지 깊숙이 쳐들어왔어요. 이때 을지문덕 장군은 수의 장수 우중문에게 시를 한 편 지어 보냈어요.

"신기한 계책은 천문을 꿰뚫어 보았고, 오묘한 전술은 땅의 이치에 통달하였도다. 싸움에 이겨 공이 높으니, 만족해 이만 돌아감이 어떠한가."

우중문은 그제야 자신이 적진 깊숙이 들어온 것을 알고 황급히 후퇴했지요. 하지만 수나라군은 살수를 반쯤 건넜을 때 을지문덕 장군의 맹렬한 공격을 받았어요. 결국 그들은 큰 패배를 당하고 겨우 수천 명만이 살아 돌아갔어요. 이 전투가 바로 '살수 대첩'이에요.

그 뒤로도 수나라는 613년과 그 이듬해에 잇달아 고구려를 침략했지만 한 번도 이기지 못했어요. 결국 수나라는 고구려와의 전쟁에 돈과 국력을 낭비한 탓에 멸망하고 말았답니다.

수나라 뒤에 들어선 당나라, 고구려를 침략하다

618년, 중국에는 수나라에 이어 당나라가 들어섰어요. 당나라의 두 번째 황제인 태종은 고구려 침략 계획을 갖고 있었어요. 고구려는 요동에 천리장성을 쌓아 전쟁에 대비했지요.

645년, 당 태종이 군대를 일으켜 고구려로 쳐들어왔어요. 고구려에서

연개소문이 영류왕을 죽이고 정권을 차지하는 일이 벌어지자, 연개소문을 벌하겠다며 전쟁을 일으킨 거예요. 당나라 군대는 보병 10만여 명과 전함 500여 척이었어요.

당 태종은 작전을 잘 짜서 고구려군의 허를 찌르며 공격했어요. 결국 요동 지역의 고구려 성들이 일제히 무너지고 수나라와 싸울 때도 끄떡없던 요동성마저 함락되었지요. 남은 것은 안시성뿐이었어요. 고구려는 안시성에 지원군을 보냈지만 이들은 당나라군에게 지고 말았어요. 당나라

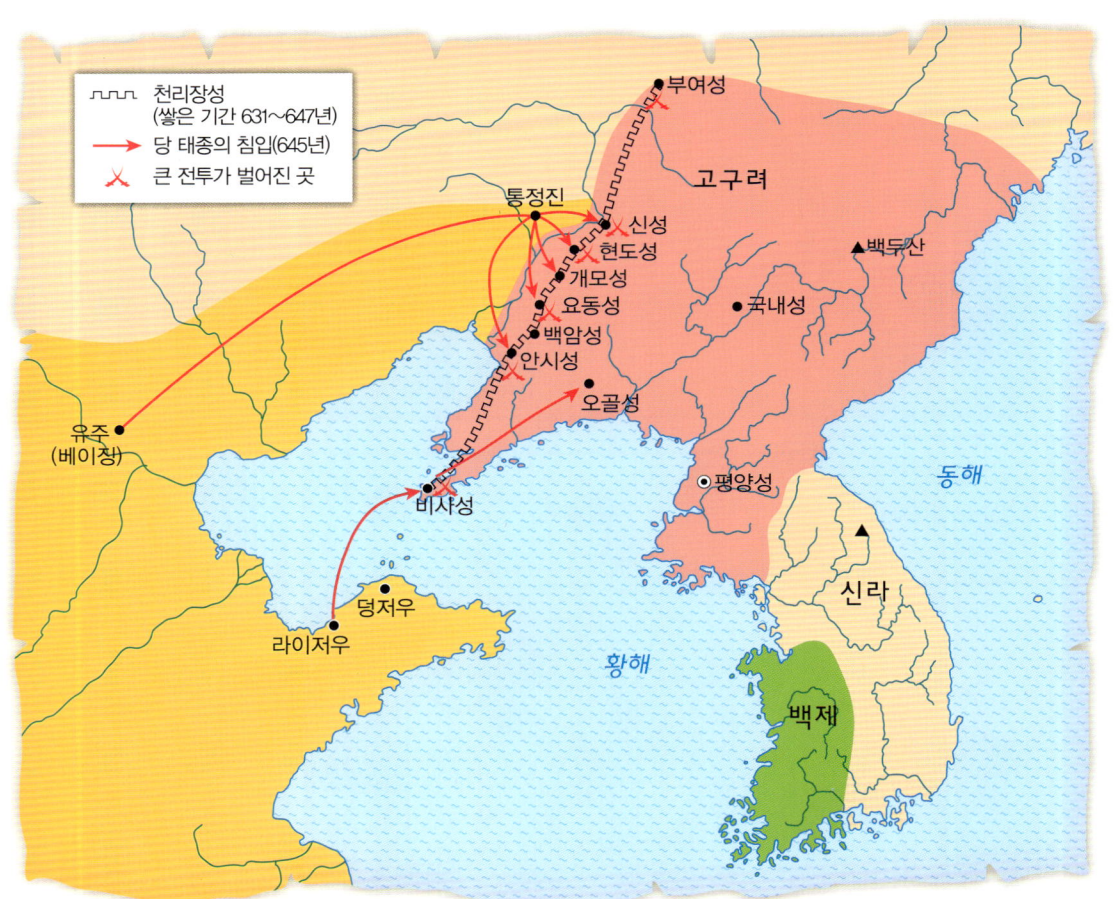

군은 아주 자신만만하게 안시성을 공격하기 시작했어요.

고구려, 안시성 전투에서 승리하다

안시성은 쉽게 함락되지 않았어요. 그러자 당 태종은 성벽보다 높은 흙산을 쌓는 전략을 세웠지요. 꼬박 두 달 만에 흙산이 완성되자, 당나라군은 그 위에서 안시성을 공격했어요. 그런데 한창 싸움을 하는 중에 갑자기 산 한쪽이 무너져 내렸어요. 고구려군은 이때를 놓치지 않고, 도리어 흙산을 차지한 뒤 마구 공격을 퍼부었지요. 결국 당 태종은 패배를 인정하고 자기 나라로 돌아갔답니다.

당 태종은 눈을 감을 때 아들에게 고구려로 쳐들어가지 말라고 당부했다고 해요. 고구려 사람들의 용감함과 지혜로움에 두려움을 느꼈기 때문이지요.

하지만 당나라는 그 뒤로도 계속 고구려를 침략했고, 나중에는 신라와 손을 잡고 백제와 고구려를 공격했어요. 백제가 멸망하자 고구려는 동맹국을 잃게 되었지요. 게다가 연개소문이 죽은 뒤 그의 세 아들이 서로 싸움을 벌여 국력도 약해졌어요. 결국 고구려는 신라와 당나라 연합군의 공격을 막지 못하고 멸망하고 말았답니다.

> 고구려인들은 매우 용맹하고 지혜로우니, 함부로 공격하지 말지어다.

당 태종
(599~649년)

신라, 당을 몰아내고 삼국 통일을 이루다
나당 전쟁

654년에 신라의 왕이 된 김춘추 (603~661년)

한나라 군을 몰아낸 자리에 부여, 고구려, 옥저, 동예, 삼한 등 여러 나라가 세워졌어요. 그중 중국 세력을 몰아내는데 가장 용감히 투쟁했던 고구려와, 삼한 중 마한의 목지국을 중심으로 발전한 백제, 삼한 중 진한의 사로국을 중심으로 한 신라가 중앙 집권과 활발한 정복 활동을 통해 각각 삼국으로 발전했어요.

나당 연합군이 백제와 고구려를 멸망시키다

신라는 삼국 중에서 가장 발전이 늦은 나라였지만, 6세기 진흥왕 때부터 국력을 키워서 고구려와 백제를 압박하고 전성기를 이루었어요. 백제와 고구려는 신라를 자주 공격하여 어려움에 빠뜨렸어요. 특히 백제는 신라에게 죽음을 당한 성왕의 원수를 갚기 위해 신라에 맹공을 퍼부었는데, 그 과정에서 신라의 귀족인 김춘추의 사위와 딸이 목숨을 잃었어요.

김춘추는 백제를 멸망시킬 결심을 하고, 먼저 고구려를 찾아가 힘을 합치자고 제안했어요. 그러나 고구려는 오히려 김춘추를 옥에 가두고, 신라에 빼앗긴 죽령 북쪽의 땅을 내놓으라고 윽박질렀어요. 고구려를 간신히 탈출한 김춘추는 당나라로 건너가 백제를 멸망시킬 수 있는 군사를 지원해 달라고 청했어요. 이것을 '나당 연합'이라고 해요. 나당 연합군은 660년에 백제를, 668년에 고구려를 멸망시켰어요.

당나라의 침략 야욕에 맞서 항쟁을 시작하다

당나라는 백제가 멸망하자 웅진도독부를 설치하여 백제 땅을 독차지하였고, 고구려를 멸망시킨 후에는 안동도호부를 설치하여 고구려 땅을 모두 차지했어요. 원래 나당 연합군을 맺을 때 당나라는 신라에게 대동강 이남 지역을 주기로 약속했는데, 이 약속은 완전히 무시되었어요. 뿐만 아니라 당나라는 신라마저 차지하려는 야심을 보였어요. 그래서 신라를 나라로 인정하지 않고, '계림도독부'라 하고, 문무왕을 '계림도독'이라고 불렀어요. 이에 문무왕은 당나라와 끝까지 싸워 통일을 이루기 위한 항쟁을 시작했어요.

고구려, 백제의 유민들과 힘을 합치다

생각이 깊고 지혜로운 문무왕은 당나라를 막아내려면 신라의 힘만으로는 어렵다는 것을 깨닫고, 고구려 부흥군과 손을 잡기로 했어요. 그는 고구려 보장왕의 아들(외손자라는 설도 있어요) 안승이 신라에 투항해 오자, 그를 받아들여 금마저(지금의 전북 익산)에 머무르게 하면서 보덕국의 왕으로 대우해 주었어요. 신라가 나당 전쟁을 시작하자, 고구려 부흥군들은 적극적으로 싸움에 나서서 신라를 도왔어요. 비록 나당 연합군이 자신들의 나라를 멸망시켰지만 신라와 당나라가 전쟁을 하게 되자, 같은 민족인 신라를 지원하게 된 거예요.

당나라와 싸워 백제의 옛 땅을 되찾다

당나라를 몰아내기 위한 전쟁은 670년 3월, 신라 장군 설오유와 옛 고구려 장군 고연무가, 1만 명의 군사로 당나라군을 공격하면서 시작되었어요. 신라의 김품일 장군은 고구려 부흥군과 함께 백제의 63성을 공격하여 되찾았어요. 그리고 671년 6월, 신라의 죽지 장군이 석성에서 승리하여 백제 땅은 완전히 신라 영토가 되었지요.

당나라는 외교 문서를 보내 신라를 맹비판하였어요. 이에 신라도 다음과 같은 억울함을 호소하는 답글을 보냈어요.

"…아! 백제와 고구려 두 나라와 전쟁할 때는 신라를 사냥개처럼 부려 심부름을 시키더니, 이제 들짐승들이 없어지고 나니, 삶아 먹히는 사냥개의 박해를 당하게 되었다."

그리고 하늘을 찌를 듯한 기세로 당나라를 공격했지요.

당나라를 몰아내고 삼국통일을 이루다

　나당 전쟁의 승패를 가른 결정적인 전쟁은 매소성 전투와 기벌포 싸움이에요. 신라는 매소성(지금의 양주)전투에서 거란, 말갈병과 연합한 20만여 명의 대군을 막아냈어요. 이때 신라군이 차지한 군마만 약 3만 680필이었지요. 기벌포(금강 하구) 전투에서는 22차례나 치열한 접전을 치룬 끝에 당나라군을 물리쳤어요. 결국 신라는 676년, 7년의 투쟁 끝에 삼국 통일을 이루고, 대동강에서 원산만 이남에 이르는 영토를 차지할 수 있었어요.

　신라의 삼국 통일은 고구려 영토였던 만주 지역을 잃어버리게 된 불완전한 통일이었지만, 우리 민족이 이룬 최초의 통일이라는 중요한 의의를 가지고 있어요. 나당 전쟁에서 거대 제국 당나라에 맞서 싸운 일은 신라인의 굳센 자주적인 정신을 보여주는 것이었지요. 또, 신라가 삼국을 통일한 이후 우리 민족의 전통 문화가 발전할 수 있었습니다.

신라가 나당 전쟁에서 승리하는 계기가 된 매소성 전투

강동 6주를 손에 넣고 천리 장성을 쌓다
고려와 거란의 전쟁

고려를 세운 태조 왕건

신라 말, 지방 호족들이 성장하면서 우리나라는 다시 견훤이 세운 후백제, 궁예가 세운 후고구려, 신라로 분열되는 후삼국 시대가 되었어요.

고려를 세운 왕건은 원래 궁예의 부하였는데, 궁예가 쫓겨난 후 국왕으로 추대되었어요. 왕건은 수도를 철원에서 개경(지금의 개성)으로 옮기고, 나라 이름도 고려로 고쳤어요. 이후 신라와 후백제에게 차례로 항복을 받아내 후삼국을 통일하였지요. 이렇게 고려는 후고구려, 후백제, 신라는 물론 멸망한 발해까지 받아들여 실질적인 민족 통일을 이루었어요.

고려는 스스로 통일을 이룬 나라야.

고려의 북진 정책과 친송 정책이 거란의 침입을 부르다

고려는 4대 임금인 광종 때 중국을 통일한 송나라와 정식으로 국교를 맺으면서 송나라의 발달된 문물을 적극적으로 받아들였어요. 한편 고려는 나라 이름을 고려로 한 것에서 볼 수 있듯이 고구려를 잇고자 했어요. 그래서 고구려의 옛 땅을 되찾기 위해 북쪽으로 영토를 넓히는 북진 정책을 적극적으로 펼쳤어요.

이러한 고려의 친송 정책과 북진 정책은 거란을 자극했어요. 압록강 유역에 살고 있던 거란은 고려가 송과 군사 동맹을 맺어 자신들을 공격할까 봐 초조했어요. 그래서 송보다 먼저 고려와 외교를 맺으려 했지요. 그러나 고려는 거란을 싫어했어요. 특히 태조 왕건은 거란이 발해를 멸망시킨 나라라고 생각해서 무척 경계했어요. 942년 거란이 고려와 친해지기 위해 낙타 50마리를 사신과 함께 보낸 적이 있었는데, 태조는 그 낙타들을 다리 밑에 묶어 굶겨 죽여 버리기까지 했지요.

서희의 담판으로 강동 6주를 손에 넣다

993년, 성종 때 거란의 장수 소손녕이 80만 대군을 이끌고 침입했어요. 대신들은 거란군의 기세에 눌려 서경 이북의 땅을 거란에게 넘겨 주자고 했지요. 이때 고려의 외교가였던 서희가 나섰어요. 그는 스스로 적진으로 들어가 거란의 장군 소손녕과 담판을 지었어요.

서희는 고려가 고구려를 계승한 나라임을 강조하고, 여진 때문에 거란

소손녕과 외교 담판을 벌이는 서희(942~998년)

거란을 묘사한 그림

과 외교를 못하고 있으니, 여진만 물리치면 거란과 외교 관계를 맺겠다고 설득했어요. 여진은 당시 압록강 일대를 장악하고 있던 민족이에요.

소손녕은 서희의 말을 들어 군대를 철수시켰어요. 이에 고려는 여진을 몰아내고 압록강 동쪽의 땅 280리를 개척하여 강동 6주를 세웠어요.

2차 침입의 위기를 넘기다

1009년, 고려에서는 '강조의 정변'이 일어났어요. 이 일은 당시 서북면(지금의 황해도, 평안도, 함경도 지방)을 지키던 강조가 고려 왕이었던 목종을 내몰고 현종을 즉위시킨 사건이에요.

1010년, 거란은 신하로서 임금을 친 강조를 벌하겠다는 구실로 고려에 쳐들어왔어요. 그러나 거란의 속마음은 고려에 빼앗긴 강동 6주를 되찾고, 고려에게 친송 정책을 포기하라고 압박하려는 것이었어요.

거란군이 쳐들어오자 강조는 힘을 다해 맞서 싸우다가 포로가 되었어요. 강조는 모진 고문 속에서도 거란 왕의 신하가 되기를 거부하고, 절개를 지키다가 죽음에 이르렀지요.

강조가 죽고 오래 지나지 않아 개경이 함락되었어요. 그러자 현종은 거란에 직접 찾아가 신하의 예를 갖추겠다고 약속했지요. 그제서야 거란군은 고려 땅에서 물러났어요. 하지만 고려의 장군 양

자기네와 아무 상관없는 강조의 정변을 구실로 쳐들어오다니! 거란은 호시탐탐 고려와 전쟁할 기회만 노리고 있었나봐!

규는 거란군을 곱게 보내주지 않았어요. 그는 물러가는 거란 군대를 공격하여 병사 약 7,000명을 사살하고, 잡혀가는 고려 백성 1만여 명을 구해냈습니다.

귀주대첩으로 거란의 3차 침입을 격퇴하다

거란은 고려에 약속을 지킬 것을 요구하며 1018년, 10만 대군을 이끌고 3차 침입을 했어요. 이때 고려는 강감찬 장군이 20만 8천 3백 명의 군사를 일으켜 거란에 맞서 싸웠어요.

3차 침입에서 거란군이 남하할 때 평안북도 흥화진에서 큰 싸움이 일어났어요. 강감찬은 기병 1만 2천여 명을 산골짜기에 매복(상대를 불시에

거란 왕의 호위 무사

거란군을 크게 물리친 귀주대첩

공격하려고 숨어 있는 작전)시킨 후 흥화진 앞의 삼교천을 막아 수심을 얕게 만들었어요. 그리고 거란군이 삼교천을 지날 때 둑을 터뜨렸지요. 아무것도 모르고 삼교천을 건너던 거란군은 쏟아지는 물줄기에 혼이 났고, 이어 매복한 기병들의 공격에 속수무책으로 당하며 대패했어요. 그런데도 거란군은 포기할 줄 모르고 개경 근처까지 공격해 들어왔어요.

그러자 이번에는 강감찬이 적이 먹을 식량과 물을 모두 없애는 '청야 작전'을 펼쳤어요. 타격을 받은 거란군은 우왕좌왕했지요. 강감찬은 이때를 놓치지 않고 기습 공격하여 거란군 500여 명의 목을 베었어요.

거란군은 서둘러 자기네 나라로 돌아갔어요. 강감찬은 거란으로 돌아갈 때 꼭 거쳐야 하는 귀주에서 기다리고 있다가 맹공격을 퍼부었지요. 이것이 10만 명의 거란군 중 살아 돌아간 군사가 겨우 수천 명에 지나지 않았다는 '귀주대첩'이에요. 고려군의 공격으로 거란군의 시체가 들판을 덮었고, 포로와 노획한 말·낙타·갑옷은 숫자를 셀 수 없을 정도였다고 해요.

강감찬(948~1031년)

거란과 여진을 막기 위해 천리장성을 쌓다

3차 전쟁까지 치룬 고려와 거란은 조금씩 양보하여 협상을 맺었어요. 거란은 강동 6주를 포기하고, 고려는 친송 정책을 포기하기로 했지요.

고려는 거란과 화의를 맺은 후에도 여진 등 북방 민족들에 대한 경계를 늦추지 않았어요. 그래서 11년에 걸쳐 압록강 입구부터 도련포에 이르는 긴 성을 쌓았지요. 이것이 '천리장성'이에요.

거란과 함께 고려를 위협한 북방 민족인 여진

고려 민중의 40여 년 투쟁
대몽 항쟁

고려는 몽골이 침입해 오자, 수도를 강화도로 옮기면서 40여 년간 항전하였고, 고려대장경을 만들어 부처님의 힘으로 몽골을 막아 내려 했어요. 1270년, 몽골과 싸움을 그친 고려는 개경으로 수도를 옮겼는데, 삼별초 부대는 이를 거부하고 몽골군에 끝까지 저항했어요.

몽골 제국이 침공해 오다

몽골 제국은 1206년에 칭기즈 칸이 세운 국가예요. 몽골족은 중국 북쪽의 몽골 사막에 살던 유목 민족이에요. 이러한 몽골족을 통합하여 대제국으로 성장시킨 이가 '칭기즈 칸' 자리에 오른 테무친이에요. 칭기즈 칸이란 '전 세계의 군주'라는 뜻이지요. 칭기즈 칸의 몽골족 군대는 뛰어난 말타기 실력과 활쏘기 실력, 빠른 공격으로 가는 곳마다 승리했어요.

몽골족은 여섯 번에 걸쳐 고려에 침입했어요. 1차 침입은 1231년에 일어났어요. 당시 고려는 몽골에 금과 인삼 등 수많은 공물을 바치고 있었어요. 그런데 공물을 받아가던 몽골 사신 저고여가 뜻하지 않게 피살되자 그것을 구실로 쳐들어왔지요. 귀주 지역을 지키던 박서 장군은 성문을 굳게 닫고 30일 동안이나 항전했어요. 그러자 몽골군은 귀주성을 포기하고 곧바로 남쪽으로 내려왔어요. 고려는 이를 막을 수 없어 화의를 맺었어요. 몽골은 고려에 다루가치라는 감독관 70여 명을 남기고 물러갔지요.

몽골 기마병의 모습

몽골 기마병들은 말타기와 활쏘기 실력이 뛰어났어.

수도를 강화로 옮겨 투쟁하다

몽골은 이후 40여 년 동안 쉴 새 없이 고려를 침공했어요. 1232년, 최우가 최고 집권자로 있던 무신 정권은 개경에서 강화로 수도를 옮겼어요. 사막에 살아서 물에 익숙하지 않은 몽골족의 힘을 약화시키고, 진흙 갯벌로 기마병을 막기 위해서였지요.

몽골은 수도를 옮긴 것을 이유로 고려에 2차 침입을 했어요. 이때 승려이며 명사수인 김윤후가 나서 몽골의 장수를 활로 쏘아 죽였지요. 김윤후는 하층민인 부곡민들과 함께 처인성(지금의 용인)에서 용감하게 싸웠어요.

몽골의 2차 침입을 물리친 처인성 전투

김윤후는 처인성 전투에서 싸우는 병사들을 독려하기 위해, 공을 세우는 사람은 신분에 상관없이 관직을 내리겠다고 약속했단다.

부처의 힘으로 몽골을 막기 위해 대장경을 조판하다

몽골의 2차 침입으로 인해 대구 부인사에 보관되어 있던 대장경(불경을 집대성한 경전)이 불타 버렸어요. 고려인들은 부처님의 힘으로 나라를 지키려는 '호국 불교' 정신으로 다시 대장경을 만들었지요.

대장경판 한 면에는 14자씩 23행의 글자를 새겨 넣었어요. 이렇게 양면에 644글자가 새겨졌지요. 고려인들은 16년간 이런 대장경판을 81,258장이나 만들었어요.

팔만대장경에는 불경의 기본이 되는 인도의 경, 율, 논은 물론이고, 송나라, 요나라, 일본, 우리나라의 유명한 승려들이 펴낸 불교 논저들의 내용이 모두 들어 있어요. 또 글자 모양도 매우 아름답게 새겨져 보는 이들의 감탄을 자아내지요.

소중한 문화재가 불타고, 많은 피해를 입다

그러나 몽골의 침입은 멈추지 않았어요. 3차 침입 때는 황룡사의 9층 목탑이 불타 버렸어요. 5차 침입 때는 충주에서 김윤후가 결사적으로 싸워 승리를 거두기도 했지만, 6차 침입 때는 다시 큰 피해를 입었지요. 포로로 끌려간 사람만 20만 6천 8백여 명이나 되었어요. 더 이상 버틸 수 없다고 판단한 고려 조정은 1270년, 몽골과 화약을 맺은 다음 개경으로 수도를 옮겼어요.

경상남도 합천군에 있는 해인사에 가면 팔만대장경판을 볼 수 있어.

부처님의 힘으로 몽골군을 막기 위해 만들어진 팔만대장경판

삼별초의 항쟁이 일어나다

한편 몽골과의 항전 기간 중 가장 열심히 싸웠던 삼별초는 개경으로 수도를 옮기는 것에 끝까지 반대하며 대몽 항쟁을 계속했어요. 지도자 배중손은 현종의 8대 손인 승화후 온을 왕으로 받들고 근거지를 강화도에서 진도로 이동하여 해상 왕국을 이루었어요.

하지만 배중손은 몽골군의 공격으로 죽고 말았어요. 뒤를 이은 새로운 지도자 김통정은 남은 무리를 이끌고 제주에 들어가 항전했어요. 그러나 결국 여진과 몽골 연합군의 공격으로 제주도마저 함락되었고, 김통정과 그를 따르던 사람들은 스스로 목숨을 끊고 말았지요.

비록 삼별초는 나라를 되찾지는 못했지만, 그들의 대몽 항쟁은 고려인의 자주 정신을 보여 주는 대표적인 사건으로 기억되고 있어요.

원의 간섭을 받다

개경으로 수도를 옮기고, 삼별초를 진압하면서 원은 본격적으로 고려 내정에 간섭했어요. 고려 왕은 원의 공주와 결혼하는 부마가 되었고, 왕이 죽은 후 붙이는 묘호에도 원에 충성을 한다는 의미로 앞에 '충'자를 붙이게 되었지요. 고려의 관청은 원나라 식으로 바뀌었으며 왕실 용어도 격하되어 '폐하'는 '전하'로, '태자'는 '세자'로 부르게 했어요. 원은 고려인들에게 변발과 몽골식 복장, 몽골식 이름도 강요했어요. 또 막대한 양의 조공도 바치게 해 백성들에게 고통을 주었습니다.

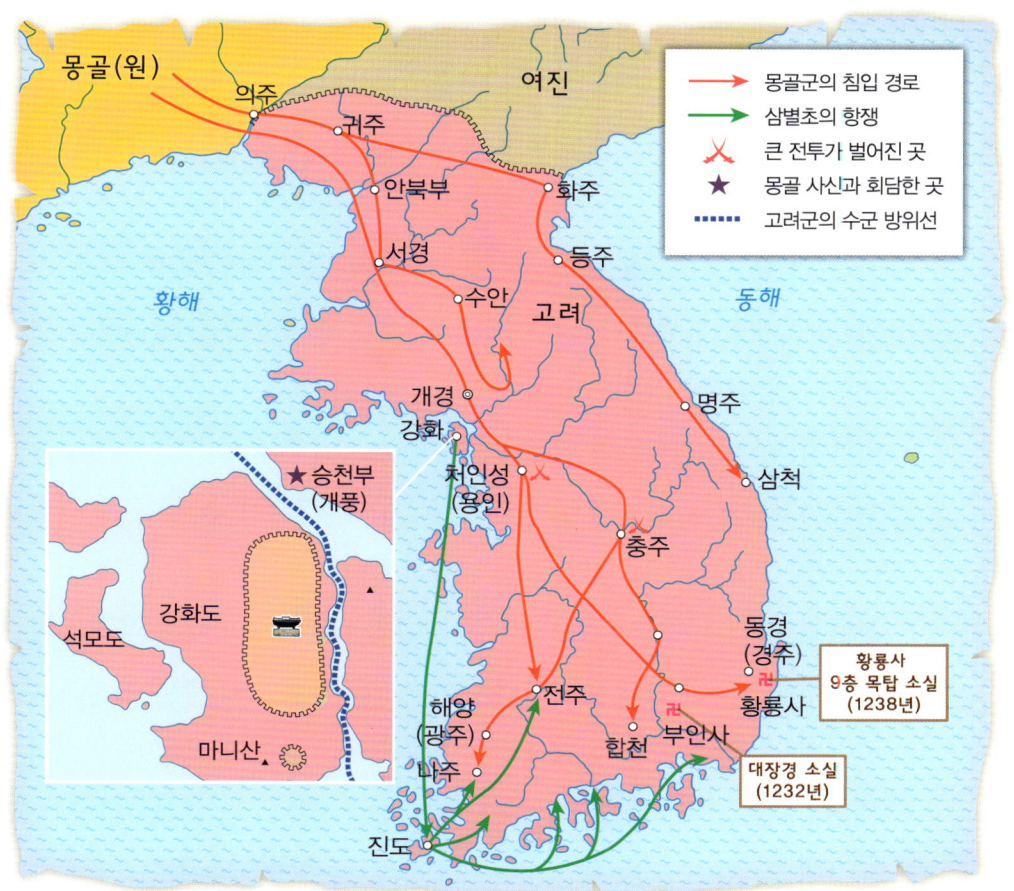

동북아시아의 정세를 바꾼 임진왜란

조선을 세운 태조 이성계

중국의 새로운 주인이 된 명나라가 쌍성총관부가 있던 땅(지금의 함경남도 지역)을 다스리려 하자, 고려는 1388년, 요동 지방 정벌에 나섰어요. 이때 정벌군을 이끌었던 이성계는 위화도에서 군사를 돌려 개경으로 돌아와 정권을 잡았지요. 4년 뒤인 1392년, 그는 고려를 멸망시키고 조선을 세웠어요.

일본이 대륙 침략을 구실로 임진왜란을 일으키다

16세기 말, 도요토미 히데요시가 일본을 통일하고 권력을 쥐었어요. 그는 반대 세력의 관심을 돌리기 위해 조선과 전쟁을 벌이려 했지요. 그래서 조선에 사신을 보내, 중국 대륙의 명나라를 치려고 하니 길을 비켜달라고 했어요. 조선은 이것이 전쟁을 일으키기 위한 구실임을 알고 거절했어요.

이에 도요토미 히데요시는 1592년 4월에 20만 대군을 이끌고 조선을 침략했어요. 이 전쟁이 '임진왜란'이지요. 부산에 도착한 왜군은 세 갈래로 나뉘어 조선의 수도 한양(지금의 서울)으로 올라왔어요.

전쟁 준비가 되어 있지 않던 조선은 남쪽의 상주와 충주에서 왜군과 싸워 크게 패했지요. 당시 조선의 왕이었던 선조는 한양을 떠나 북쪽으로 도망쳤어요. 결국 그해 5월에는 한양이, 6월에는 평양이 왜군 손에 넘어갔어요.

이순신, 위기에 빠진 조선을 구하다

이때 상황을 역전시킨 사람이 바로 이순신 장군이에요. 이순신은 전라도의 해군을 책임지는 전라좌수사였어요. 일본은 식량과 무기를 나를 보급로를 마련하기 위해 전라도 지방을 차지하려고 했어요.

1592년 5월 4일, 드디어 이순신은 옥포 앞바다에서 왜군과 맞붙었어요. 뛰어난 전략가였던 이순신은 싸움을 승리로 이끌었지요. 사천과 당항포(지금의 경남 고성군)에서 싸운 두 번째 전투에서도, 한산도 앞바다에서 싸운 세 번째 전투에서도 모두 이겼어요.

한산도 대첩에서 이순신은 '학익진'이라는 전술을 펼쳤어요. 학익진이란 학이 날개를 펼친 모양으로 진을 친다고 해서 붙여진 이름이에요. 이순신은 도망치는 척 왜군을 꾀어내다가 배들을 넓게 펼쳐 빙 에워싸고 갑자기 간격을 좁혀 공격을 퍼부었지요.

화포와 튼튼한 철갑으로 무장한 거북선은 왜군을 물리치는데 큰 공을 세웠어.

2차 침입, 정유재란이 일어나다

육지에서도 치열한 싸움이 벌어졌어요. 나라 곳곳에서 의병이 일어나 왜군에 맞섰지요. 명나라에서도 지원군을 보냈어요. 결국 왜군은 평양을 포기하고 남쪽으로 내려와, 한양을 되찾기 위해 행주산성에 모여 있던 조선군을 공격했지요. 이때 권율 장군은 이들을 크게 무찔렀어요.

왜군은 더 이상 전쟁을 계속할 힘이 없었어요. 그래서 명나라에 뇌물을

잠깐! 의병이란?
외적의 침입을 물리치기 위하여 백성들이 자발적으로 조직한 군대를 말해요.

잠깐!
행주 대첩과 행주치마

권율은 행주산성에서 싸울 때 민중들의 도움을 많이 받았어요. 특히 여자들이 치마에 돌을 담아 날라서 적에게 큰 피해를 주었지요. 부엌일을 할 때 입는 '행주치마'라는 명칭이 여기에서 유래되었다는 말도 있어요.

주며 협상하자고 했지요. 왜군은 명나라 공주를 일본 왕의 둘째 부인으로 보내고, 조선 땅의 절반을 달라고 했어요. 그러나 협상은 이루어지지 못했고, 1597년, 일본은 14만 군대를 이끌고 다시 조선을 침략했어요. 이 전쟁을 '정유재란'이라고 해요.

이순신은 부산을 침략한 왜군을 치라는 선조의 명을 받았어요. 하지만 당장 공격하지 않고 때를 기다리며 전투를 준비했는데, 이 일로 그만 왕의 명령을 어겼다는 모함을 받게 됐지요. 결국 이순신은 관직을 빼앗기고 백의종군(벼슬 없는 군인으로서 전쟁에 나가는 일)해야 했어요.

조선에 상처뿐인 승리를 남긴 임진왜란

이순신이 옥에 갇혀 있는 동안 바다의 상황이 크게 달라졌어요. 조선의 수군이 지휘관 원균 장군까지 잃고 왜군에게 참패를 당한 거예요. 선조는 결국 이순신에게 다시 수군의 지휘를 맡겼어요. 이순신은 남아 있던 배 13척을 이끌고 명량 해전에 나갔지요. 그리고 130척이 넘는 배를 앞세운 왜군에 큰 승리를 거두었어요.

싸울 마음을 잃어버린 왜군은 1598년에 도요토미 히데요시가 병으로 죽자 일본으로 돌아가려 했어요. 하지만 이순신은 철수하는 왜군들을 막아섰어요. 이 전투가 '노량 해전'이에요. 이순신은 노량 해전에서 왜군의 총탄에 장렬히 전사했어요.

노량 해전을 끝으로 임진왜란은 끝났고 조선은 전쟁에서 승리했지요. 하지만 전쟁의 피해는 너무나 컸어

임진왜란에서 많은 승리를 거둔
이순신(1554~1611년)

요. 수많은 조선의 백성들이 죽었고 문화재도 많이 파괴되었지요. 일본은 조선에서 책과 도자기를 빼앗아 가면서 기술자와 예술가, 학자들도 끌고 갔어요. 일본은 그들 덕분에 문화를 크게 발전시킬 수 있었다고 해요.

임진왜란의 마지막 해전인 노량 해전

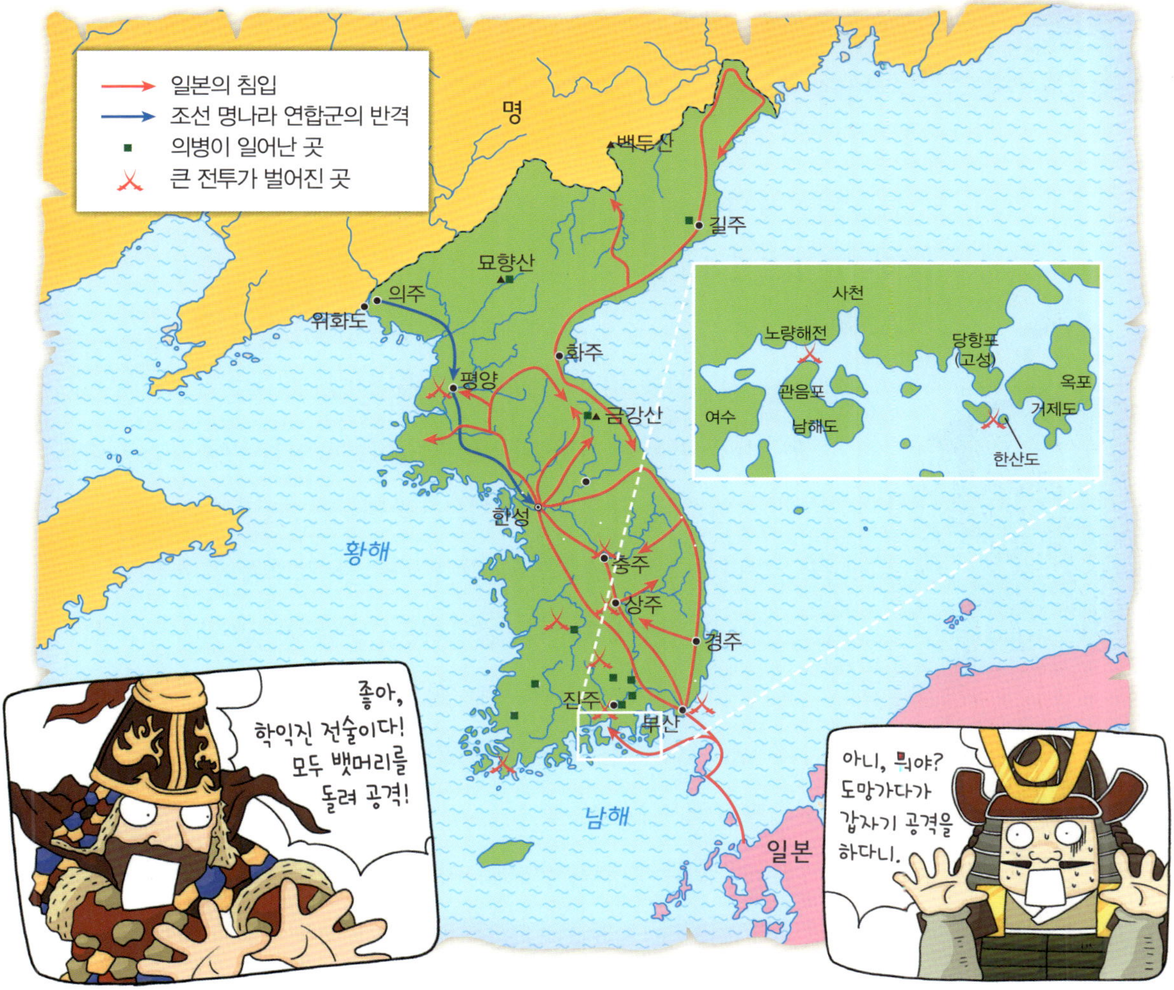

조선의 굴욕으로 이어진 두 달 간의 전쟁
병자호란

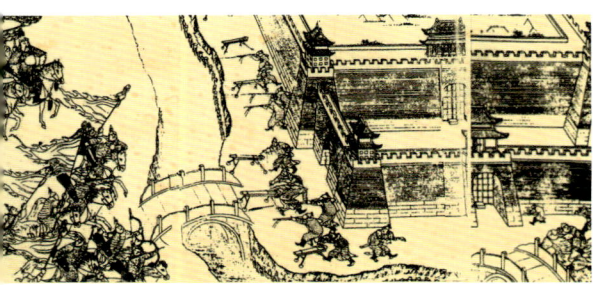
명나라의 도시 랴오양을 공격하여 빼앗는 후금

17세기 초, 만주에는 누르하치가 여진족을 통일하고 후금을 세웠어요. 당시 중국 땅을 차지하고 있던 명나라는 임진왜란 때 5만의 군사를 보내어 조선을 도와준 후 힘이 약해지고 농민의 반란이 일어나 멸망의 길을 걷고 있었지요.

힘을 키워 명나라를 위협하던 후금은 조선에 형제 관계를 요구하며 정묘호란을 일으켰어요.

후금 장수의 모습

광해군이 중립 외교로 후금의 침입을 막다

명나라가 약해진 틈을 타 일어난 후금이 힘을 키우고 있을 때, 조선의 임금은 광해군이었어요. 광해군은 현명한 사람이었어요. 의리만 생각하여 망해가는 명나라를 무조건 돕다가는 후금이 중국의 주인공이 되는 날 후환을 당할 수 있다는 사실을 잘 알았지요. 그래서 명나라에 지원군을 보내며 강홍립 장군에게 기회를 엿보라는 지시를 내렸어요.

강홍립은 광해군의 뜻을 알아채고 명나라를 도와주는 척하다가 후금에 투항했어요. 이런 탁월한 중립 외교 덕분에 광해군 때에는 후금의 침입이 없었어요.

후금이 형제 관계를 요구하며 정묘호란을 일으키다

그런데 광해군이 도덕적으로 큰 잘못을 저질렀어요. 다른 어머니에게서 태어난 동생인 영창대군을 강화로 유배 보낸 후 죽음에 이르게 한 거예요. 광해군과 반대파인 서인들은 군사를 일으켜 광해군을 몰아내고 인조를 왕위에 올렸어요. 이것이 1623년에 일어난 '인조반정'이에요.

인조는 금을 배척하고 명과 친하게 지내는 '배금친명' 정책을 취했어요. 또 후금이 차지하고 있던 요동 지방을 되찾기 위해 평안북도에 주둔한 명나라 군대를 몰래 지원했지요. 명나라와 경쟁 관계에 있던 후금은 이것을 못마땅하게 여겼어요.

그런데 때마침 '이괄의 난'을 진압하는 과정에서 남은 무리들이 후금을 찾아가 '지금이야말로 조선을 칠 때다.'라며 조선을 칠 것을 부추겼어요. 후금은 이러한 것들을 구실 삼아 형제 관계를 요구하며 전쟁을 일으켰지요. 이것이 1627년에 일어난 '정묘호란'이에요.

3만 군사를 앞세운 후금은 압록강을 건너 황해도까지 침입했고, 인조는 할 수 없이 후금과 형제 관계를 맺었어요.

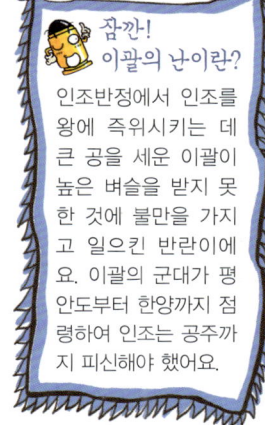

잠깐! 이괄의 난이란?
인조반정에서 인조를 왕에 즉위시키는 데 큰 공을 세운 이괄이 높은 벼슬을 받지 못한 것에 불만을 가지고 일으킨 반란이에요. 이괄의 군대가 평안도부터 한양까지 점령하여 인조는 공주까지 피신해야 했어요.

청나라로 이름을 바꾼 후 병자호란을 일으키다

1636년, 조선에 다시 큰 위기가 닥쳤어요. 중국의 주인이 되겠다는 야욕을 가지고 있는 청나라의 태종이 조선에 군신 관계를 요구하며 군사를 이끌고 조선을 침공했기 때문이에요. 태종은 12만의 대군을 이끌고 쳐들어 와 조선을 공포에 몰아넣었어요. 이것을 '병자호란'이라고 해요.

조선의 조정은 끝까지 싸우자는 척화파와 화약을 맺고 훗날을 기약하

백마산성을 지켜 내는 임경업 장군과 군사들

자는 주화파로 나뉘어 팽팽히 대립했어요. 결국 척화파의 주장이 우세한 가운데, 청나라 군대가 쳐들어왔지요. 임경업 장군은 백마산성에서 철벽 수비를 하였지만 청나라 군대는 우회하여 한양 근처까지 들어왔어요.

남한산성에서 45일간 항전하다

인조는 먼저 왕세자와 왕실 가족을 강화도로 피신시키고 후에 강화도로 가려 했어요. 그러나 이미 한양 가까이까지 밀고 들어온 청군에 길이 막혀 갈 수 없었지요. 인조는 한양을 지키는 요새 중 하나였던 남한산성으로 피신했어요. 남한산성에는 50여 일분의 식량과 1만 3천여 명의 군사밖에 없었지만, 인조는 45일간 청나라와 맞서 싸웠어요.

그런데 강화도가 함락되어 왕실 가족이 모두 인질로 잡혔다는 소식이 전해졌어요. 인조는 할 수 없이 남한산성을 나와 청나라에 항복하기로 결정했어요.

삼전도의 굴욕을 당하다

인조는 한겨울에 먼 길을 걸어 삼전도(지금의 송파)에 있는 청 태종에게 갔어요. 그곳에서 인조는 항복의 표시로 3배 9고두를 해야 했지요. 3배 9고두란 상복을 입고 3번 큰절을 하고 9번 땅바닥에 머리를 쾅쾅 박아, 절하는 소리가 단 위에 앉아 있는 청 태종의 귀에 들리도록 하는 청의 인사

방식이에요. 이것을 하다가 인조의 이마에서는 피가 흘러 내렸어요. 그렇게 조선은 청의 신하가 되었고, 항복의 대가로 엄청난 배상금과 함께 소현세자와 봉림대군, 척화파 신하들과 20만 명의 백성을 청에 인질로 보냈어요.

인조가 청나라에 항복하는 모습

인조에 이어 왕위에 오른 효종은 오랫동안 청에 잡혀 지냈기 때문에 청에 대한 적대감이 매우 컸어요. 조선의 백성들도 청에 엄청난 양의 공물을 바치느라 불만이 높았지요. 이에 효종은 '청나라를 쳐서 원수를 갚겠다.'는 북벌 운동을 일으켰어요. 그러나 북벌 운동은 효종이 병으로 죽으면서 큰 성과를 얻지 못한 채 실패로 끝났어요.

경기도 광주시에 있는 남한산성

조선의 문을 열어라
병인양요와 신미양요

고종을 대신해 권력을 잡은
흥선 대원군 이하응
(1820 ~ 1898년)

병인양요는 1866년에 프랑스가 강화도로 쳐들어 온 일이고, 신미양요는 1871년에 미국이 강화도로 침입한 일이에요. 당시에 정권을 잡고 있던 흥선 대원군은 서양 및 일본과 통상을 거부하는 통상 수교 거부 정책을 펴고 있었어요.

흥선 대원군이 정권을 잡다

1863년, 12살밖에 되지 않은 고종이 왕위에 오르자, 아버지인 흥선 대원군 이하응이 어린 고종을 대신하여 정치권력을 잡았어요. 그는 안으로는 특정한 가문이 권력을 행사하는 세도 정치를 없애 왕권을 강화하고, 밖으로는 서양 세력이 조선에 들어오지 못하도록 하는 통상 수교 거부 정책을 추진하였어요.

병인박해가 일어나다

흥선 대원군이 집권하던 시기에는 서구 열강들이 아시아에 힘을 뻗치고 있었어요. 영국은 청나라와 벌인 아편 전쟁에서 이겨 홍콩의 지배권을 가졌어요. 러시아는 1860년에 청나라와 베이징 조약을 맺어 두만강을 경계로 조선과 국경을 맞닿게 되었지요. 미국은 1854년, 강제로 일본의 나라 문을 열게 했어요.

이러한 소식들은 조선을 두렵게 만들었어요. 특히 흥선 대원군은 러시아가 조선 땅을 침략하는 것을 막기 위해 고심했지요.

  홍선 대원군은 조선 안에 있던 프랑스 신부들을 이용해 러시아를 견제하려 했어요. 그런데 프랑스인 신부들은 정치에 개입하길 꺼리며 협조하지 않았어요. 그러자 홍선 대원군은 마음을 바꾸어 천주고 신자들을 박해했어요. 1866년에 병인박해로 9명의 프랑스 신부와 천주교 신자 8,000여 명이 목숨을 잃었지요.

병인박해 때 심문 당하는 프랑스인 사제

외규장각 도서를 빼앗기다

  병인박해를 피해 조선을 탈출한 리델 신부는 이 사실을 프랑스에 알렸어요. 그러자 1866년, 프랑스 함대가 군함 7척, 대포 10문, 1,000여 명의 병력을 이끌고 강화도에 침입했어요. 이것이 '병인양요'예요.

  강화도에 상륙한 프랑스군은 조선의 귀중한 책 1,007종, 5,067권이 보관된 외규장각 문고에서 가장 아름다운 것 395권을 골라 프랑스로 가져갔어요. 나머지는 모두 불태워 버렸지요.

  조선군은 강화도 문수산성에서 일어난 싸움에서 패배했어요. 그러나 뛰어난 전략을 가진 양헌수 장군이 강화도 정족산성에서 맹포격을 하여 프랑스군을 물리쳤지요.

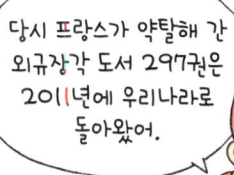

당시 프랑스가 약탈해 간 외규장각 도서 297권은 2011년에 우리나라로 돌아왔어.

강화도를 공격하는 프랑스 함대

제너럴셔먼호 사건이 일어나다

1866년, 미국 상선 제너럴셔먼호가 대동강으로 거슬러 올라와 자기네와 물건을 사고팔 것을 요구했어요. 당시 평양 감사였던 박규수는 통상 수교를 거부했지요. 그러자 제너럴셔먼호의 미국인들은 조선 관리를 인질로 삼고, 끈질기게 통상을 요구했어요.

이에 평양 사람들은 마침 장맛비가 빠져나가 모래톱에 걸려 있었던 제너럴셔먼호를 불태워 버렸어요.

미국이 신미양요를 일으키다

1871년 미국은 뒤늦게 제너럴셔먼호 사건을 알고 강화도에 아시아 함대를 보내 쳐들어왔어요. 아시아 함대 사령관 로저스는 군함 5척에 대포 85문을 싣고 1,230명의 해군을 이끌고 초지진에 상륙했어요. 그리고 덕

진진도 점령해 버렸지요. 조선군은 광성보에서 어재연 장군이 600여 명의 병력을 이끌고 맞서 싸웠어요. 그러나 서양의 위력적인 무기는 당해 낼 수 없었어요. 결국 광성보는 함락당하고, 어재연 장군은 숨을 거두었지요. 그러나 다음 날, 조선군은 밤에 초지진을 습격하여 미국 군을 40여 일만에 조선 땅에서 내쫓았어요.

전국에 척화비를 세우다

흥선 대원군은 프랑스와 미국 두 나라와 전쟁을 치른 다음, 서양과는 절대 외교를 맺지 않겠다는 생각을 더욱 굳게 가지게 되었어요. 그래서 전국에 이 내용을 알리는 비석을 세웠어요. 이것을 '척화비'라고 하지요. 척화비에는 '서양 오랑캐가 침범했을 때 싸우지 않으면 화의를 맺는 것인데, 화의를 맺는 것은 나라를 파는 것이다.'라는 강경한 내용이 적혀 있었어요.

이러한 정책은 나라 문을 굳게 닫아 양반을 지배층으로 하는 기존의 사회를 유지하려는 것이었어요. 때문에 아시아에 서양 문물이 전해져 근대화가 이루어지는 시기에 조선만 뒤떨어지는 결과를 가져왔지요. 그러나 한편으로는 서양 세력의 간섭을 막고, 전통 문화를 지킨 우리 민족의 자주 정신을 엿볼 수 있어요.

서양과 외교를 맺지 않겠다는 다짐을 적은 척화비

> 서양으로부터 우리 문화를 지킬 것인가, 근대 문물을 받아들일 것인가! 그것이 문제로다!

봉건 지배와 외세에 항거하다
동학 농민 전쟁

동학은 최제우가 창시한 종교예요. 동학의 교리에는 사회 개혁 사상이 담겨 세도 정치에 시달린 백성들 사이에 빠르게 퍼져나갔지요. 1894년, 동학 사상을 따르는 동학군은 동학 농민 전쟁을 일으켰어요.

고부 민란이 일어나다

1860년, 최제우는 '사람이 곧 하늘'이라는 '인내천' 사상을 바탕으로 동학을 창시했어요. 동학은 세도 정치 속에 고통받던 백성들에게 환영받았어요. 신분이나 계급과 관련 없이 사람은 누구나 평등하다는 뜻을 설파했기 때문이에요. 동학의 2대 교주인 최시형은 인내천 사상에 따라 사회 개혁을 요구하고, 조선에서 횡포를 부리는 일본 상인에게 저항했어요.

동학 농민 전쟁이 일어난 직접적인 원인은 고부 군수 조병갑 때문이었어요. 그는 가뭄이 들어도 세금을 줄여 주지 않았고, 백성들에게 억울한 누명을 씌워 재물을 빼앗았어요. 또 만석보라는 보(논에 물을 대기 위해 흐르는 물을 가두어 놓는 곳)가 있는데도 농민들을 동원해 새 보를 만든 후, 물세를 거두었지요.

동학의 접장이었던 녹두장군 전봉준은 다른 고을로 전임갔던 조병갑이 뇌물을 바쳐 고부군으로 다시 부임해 오자, 1894년 1월 11일, 민란을 일으켰어요.

> **잠깐! 세도 정치란?**
> 왕실의 친척이나 높은 신하가 힘을 가지고 나랏일을 좌지우지하던 정치 형태를 말해요. 세도 정치가 이루어지면서 부패한 관리가 많아져 백성들이 고통받았어요.

동학의 창시자 최제우

녹두장군 전봉준을 중심으로 투쟁이 전개되다

조정에서는 새로운 관리 안용태를 보내 사태를 조사하게 하였는데 그도 또한 탐관오리여서 사태를 더욱 악화시켰어요. 안용태는 죄없는 사람들을 잡아다가 모진 고문을 하였고, 동학교도들의 집에는 불을 질렀어요. 전봉준은 동학 접장들에게 사발통문을 돌려 약 3,000여 명의 농민군을 모아 다시 봉기했어요. 이것이 바로 제1차 동학 농민 전쟁이에요. 사발통문이란 사발을 엎어 놓은 형태로 봉기에 참여한 사람의 이름을 적는 것이에요. 이름이 원형으로 둘러 적혀 있어 주동자가 누구인지 알 수 없지요.

이어서 전봉준은 약 5,000여 명의 농민군과 함께 백산에서 농민 대회를 열었어요. 이 대회에서 전봉준은 부패한 관리의 목을 베고, 외세의 침입에 저항하고자 봉기했다는 뜻을 밝혔어요.

새야 새야, 파랑새야. 녹두밭에 앉지마라~

민요 '새야 새야'는 녹두장군 전봉준을 묘사한 노래예요. 전봉준은 몸이 왜소해서 녹두장군이라는 별명이 생겼대요.

동학 농민군의 봉기

동학 농민군이 통신 수단으로 사용했던 사발통문

전주화약을 맺고 집강소를 설치하다

전봉준이 이끄는 동학군은 고부에서의 승리를 시작으로 정읍, 고창, 함평까지 점령했어요. 이 사실을 안 조정에서는 전라남도 장성으로 군대를 보내 동학군을 막으려 했지만 실패했지요. 동학군은 정읍을 거쳐 전주성까지 점령했어요.

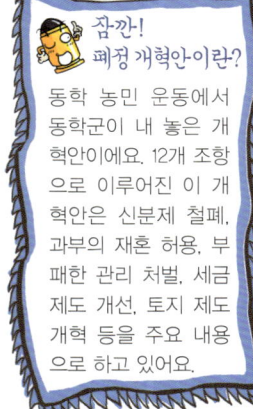

잠깐! 폐정 개혁안이란?

동학 농민 운동에서 동학군이 내 놓은 개혁안이에요. 12개 조항으로 이루어진 이 개혁안은 신분제 철폐, 과부의 재혼 허용, 부패한 관리 처벌, 세금 제도 개선, 토지 제도 개혁 등을 주요 내용으로 하고 있어요.

동학군이 한양을 위협하자 조정에서는 청에 군사를 요청했어요. 이 소식을 들은 일본도 함께 군사를 파견했지요. 청과 일본의 대규모 군대가 들어오면서 조선은 큰 전쟁이 일어날 위기에 처했어요. 결국 전봉준은 외세가 개입하는 것을 막기 위하여 정부군과 전주에서 협약을 맺고 '폐정 개혁안'에 합의했어요.

전주에서 맺은 협약의 내용에 따라 전라도에는 집강소라는 농민 자치 기구가 생겼어요. 집강소는 무기 관리, 치안 유지 등 지방 행정을 주로 담당했지만, 곳에 따라 부정을 저지른 관리에 대한 투쟁, 신분 제도를 폐지하기 위한 투쟁 등을 벌이기도 했지요.

청일 전쟁에 동원된 조선의 군인들

조선 땅에서 청일 전쟁이 벌어지면서 일본은 조선의 군인과 물자를 받아갔어. 동학군은 일본을 조선 땅에서 몰아내기 위해 다시 한 번 봉기했지.

청일 전쟁이 일어나다

일본군은 사태가 진정되었음에도 불구하고 조선에서 물러나지 않았어요. 오히려 경복궁을 무력으로 점령한 다음, 조정을 협박하여 강제로 내정 개혁을 실시하게 했지요. 뿐만 아니라 조선 땅에서 청과 전쟁을 일으켰어요. 청과 일본은 전쟁을 통해 조선의 지배권을 가지려 했지요.

반외세 투쟁을 위해 다시 봉기하다

전봉준은 분노하여 다시 봉기했어요. 이것이 1894년 9월에 일어난 제2차 동학 농민 전쟁이에요. 일본군은 우수한 군사력을 바탕으로 동학 농민군을 압박했어요. 동학 농민군은 공주 우금치 전투에서 일주일 동안

50번이 넘는 치열한 싸움을 벌인 끝에 패배하고 말았지요. 동학 농민군을 이끈 전봉준은 12월 2일, 순창군 피노리에서 체포되어 사형당했어요.

동학 농민 전쟁은 실패로 돌아갔어요. 그러나 우리나라를 근대 국가로 전진하게 만든 최대 규모의 농민 전쟁이라는 의의를 가지고 있지요. 동학이 요구한 신분제 개혁이나 과부의 재혼 허용 등은 훗날 우리나라 근대화의 출발점으로 평가되는 갑오개혁에 반영되는 성과를 낳았답니다.

재판을 받기 위해 끌려가는 전봉준

조선을 집어삼키려는 일본의 야욕
청일 전쟁과 러일 전쟁

1868년의 근대화된 일본의 모습

　1800년대 후반, 청나라와 일본은 서양의 문물을 받아들이며 나라의 힘을 키우고 있었어요. 청나라는 아편 전쟁에서 영국에 진 뒤에 나라 문을 열었고, 서양의 무기를 들여와 군대를 강하게 만들었어요. 일본 역시 미국의 힘에 밀려 항구를 연 뒤 정치를 개혁하고 서양의 문물을 받아들였어요.

강화도 조약으로 나라 문을 연 조선

　이때 조선은 통상 수교 거부 정책을 펴며 서양의 문물이 들어오지 못하게 막고 있었어요. 그런데 근대화를 통해 강해진 일본이 1875년에 강화도를 공격하며 조선에게 나라 문을 열라고 했지요. 힘이 없던 조선은 이듬해에 일본과 강화도 조약을 맺었어요. 강화도 조약은 조선이 외국과 처음으로 맺은 근대적 조약이에요.

　하지만 강화도 조약은 일본에게만 이익이 되는 불평등한 조약이었어요. 주요 내용은 세 개의 항구(부산, 원산, 인천)를 열어 일본 상인들이 마음대로 무역 활동을 할 수 있도록 하는 것이었지요. 이것을 본 청나라는 일본이 조선을 빼앗으려 한다고 생각하고 조선의 일에 간섭하기 시작했어요.

　당시 조선은 일본에 기대 서양의 문물을 받아들이자는 개화파와 청나라에 의지해 전통을 지키자는 수구파가 대립하고 있었어요. 이들은 양편으로 나뉘어 권력 싸움을 벌였지요.

조선을 둘러싼 청과 일본의 대결, 청일 전쟁

조선을 욕심내던 청나라와 일본은 서로를 감시하기 위해 '두 나라의 군대는 동시에 조선에 들어오고 나가야 한다.'는 약속을 했어요. 제1차 동학 농민 전쟁으로 청나라 군대가 조선 땅에 들어오자, 일본은 이 약속을 빌미로 자기네도 군대를 보냈어요. 그 후 혼자 조선을 차지할 궁리를 하다가 1894년 6월에 청나라와 전쟁을 시작했어요.

일본은 평양과 황해에서 청나라 군대를 무찔렀어요. 여기에 그치지 않고, 압록강을 넘어 청나라 땅까지 건너갔지요. 일본군은 랴오둥 반도로 쳐들어가 순식간에 뤼순과 다롄을 점령했어요.

이에 청나라는 항복을 선언하고 1895년 4월에 일본과 조약을 맺어 더 이상 조선에 간섭하지 않겠다고 약속했어요. 일본은 이렇게 청나라를 몰아내고 조선을 독립 국가로 만들었어요. 하지만 그 뒤에는 마음 놓고 조선을 지배하려는 속셈이 있었답니다.

청일 전쟁에서 싸우는 일본군과 청나라군

러일 전쟁을 부른 세 나라의 간섭

러시아군과 싸우는 일본군

청일 전쟁에서 이긴 일본은 청나라 땅인 랴오둥 반도를 차지했어요. 그러자 러시아, 프랑스, 독일이 나서서 그 땅을 돌려주라고 일본을 압박했지요. 세 나라는 겉으로는 동북아시아의 평화를 이유로 내세웠어요. 하지만 속마음은 달랐어요. 자기네가 눈독 들이고 있는 청나라에 일본이 손을 뻗치는 게 싫었던 거예요.

세 강대국과 맞서 싸우기에는 힘이 부족했던 일본은 청나라 땅을 돌려줬어요. 이 일로 러시아, 프랑스, 독일은 청나라로부터 땅을 빌려 쓸 수 있는 권한을 얻었어요. 특히 러시아는 랴오둥 반도와 만주에 철도를 놓는 권리까지 따 냈지요.

일본은 간섭을 한 세 나라 중에 러시아가 가장 얄미웠어요. 청나라에서 많은 이익을 챙기고 있으면서 조선의 일까지 간섭했기 때문이에요. 일본은 이때부터 러시아를 적으로 여기면서 군사를 키우고 무기를 늘렸어요. 러시아와 전쟁을 준비한 것이지요.

일본, 제국주의의 길을 걷다

1904년 2월, 일본은 러시아와 전쟁을 시작했어요. 일본군은 청나라의 뤼순과 조선의 제물포에 있던 러시아 함대를 갑자기 공격했지요. 서양 열강들은 일본이 러시아의 상대가 안 될 거라고 생각했어요. 하지만 일본군은 1905년 5월에 만주 지역을 차지하고, 바다에서도 러시아 함대를 격파했어요.

당시 러시아는 나라 안에서도 전쟁이 일어나 외국과 전쟁을 계속할 힘이 없었어요. 결국 러시아와 일본은 미국의 주선으로 1905년 9월 5일에 포츠머스 조약을 체결했지요. 포츠머스 조약은 일본이 만주와 한반도에 대한 모든 권리를 갖는다는 내용이었어요.

포츠머스 조약을 맺는 러시아와 일본의 대표들

이렇게 조선에 대한 지배권을 인정받은 일본은 1905년 11월에 을사조약을 맺어 조선의 외교권을 빼앗았어요. 그리고 1910년 8월에는 조선을 합병하여 자기네 식민지로 만들었어요.

이렇게 해서 일본은 서양 강대국들과 어깨를 나란히 하는 제국주의 국가로 발돋움하게 되었어요. 반면, 조선은 일본의 식민지가 되어 36년 동안 나라 잃은 설움을 겪어야 했답니다.

잠깐! 제국주의란?
강한 군사력과 경제력을 앞세워 다른 나라의 땅을 빼앗아 식민지로 삼으려는 생각이에요.

경복궁 안에 있던 일본의 식민 통치 기관 조선총독부

조선 총독부 건물은 국립중앙박물관으로 쓰이다가 1995년에 철거되었어요.

한민족을 남북으로 나눈 비극
6·25 전쟁

1940년대는 자본주의를 대표하는 미국과 사회주의를 대표하는 소련이 대립하던 시대였어요. 자본주의 나라들과 사회주의 나라들은 서로 상대방보다 세력을 넓힐 기회만 엿보았지요. 한편, 우리나라는 제2차 세계 대전이 끝나면서 광복을 맞았어요. 그러자 미국과 소련은 서로 우리나라를 제 편으로 끌어들이려고 했지요.

김구(1876 ~ 1949년)

여운형(1886 ~ 1947년)

38도선이 생기고 남한에 대한민국이 들어서다

1945년 8월, 광복 이후로 미국과 소련은 우리나라 한가운데(북위 38도)에 38도선을 그었어요. 그 선을 기준으로 남쪽은 미국이, 북쪽은 소련이 관리했지요. 이때부터 우리나라는 자본주의를 따르는 우파와 사회주의를 따르는 좌파로 나뉘어 다투게 되었어요. 이때 김구와 여운형은 남북이 힘을 합쳐 하나의 민주 국가를 세우자고 했어요. 하지만 양쪽은 의견 차이를 좁히지 못했고, 결국 남북통일은 이루어지지 않았지요.

미국은 한반도에 사회주의 세력에 대항할 나라를 세우고 싶어했기에, 남한만의 정부를 세우려 하던 이승만을 지지했어요. 결국 남한에서는 선거를 통해 국회가 만들어졌고, 국회는 이승만을 대통령으로 뽑았어요. 이렇게 해서 1948년 8월 15일, 남한에는 대한민국이라는 단독 정부가 들어섰지요.

북한, 6·25 전쟁을 일으키다

곧 북한도 자신들만의 정부를 만들었어요. 1948년 9월 9일, 북한에 김일성을 지도자로 하는 조선 민주주의 인민 공화국이 들어선 거예요. 김일성은 해방 후 소련의 도움으로 북한에서 권력을 잡은 사람이었어요.

한반도에 두 개의 정부가 들어서자 이승만과 김일성은 전쟁을 해서라도 통일을 해야 된다고 주장했어요. 그리고 1950년 6월 25일, 북한이 남한으로 쳐들어왔어요.

남한은 갑작스런 공격에 당황했어요. 남한을 돕던 미국 군대는 1년 전에 자기 나라로 돌아간 상태였거든요. 이에 비해 북한은 소련의 도움으로 많은 무기와 군대를 가지고 있었어요. 북한은 탱크를 앞세워 사흘 만에 서울을 차지했지요.

그때 유엔(UN, 국제 연합)에서 남한을 돕기로 결정했어요. 이에 따라 미국을 포함한 열여섯 개 나라에서 군인들을 보내 왔지요. 그런데 북한군은 석 달 만에 대구와 부산, 제주도를 뺀 남한 땅을 모두 점령했어요. 남한군과 유엔군은 힘을 합쳐 낙동강을 지키며 온몸으로 버텼지요.

김일성
(1912~1994년)

김일성은 20년이 넘는 긴 시간 동안 북한을 통치했어.

수많은 상처를 남기고 6·25 전쟁이 끝나다

1950년 9월, 유엔군을 지휘하던 미국의 맥아더 장군이 인천 상륙 작전을 성공시키자 상황이 역전되었어요. 유엔군은 9월 28일에 서울을 되찾았지요. 북한군은 서울에서 내려오는 유엔군과 낙동강에서 밀어붙이는 한국군 사이에 끼어 우왕좌왕했어요. 유엔군은 이때를 놓치지 않고 압록

강까지 밀고 올라갔답니다.

그런데 이때 예상치 못한 일이 일어났어요. 사회주의 나라가 된 중국이 북한에 지원군을 보낸 거예요. 중국군은 많은 수의 군인으로 밀어붙이는 '인해 전술'을 사용했지요. 결국 1951년 1월 4일, 유엔군이 밀려나고 중국군과 북한군에게 다시 서울을 빼앗겼어요.

상황이 나빠지자 맥아더 장군은 핵무기를 쓰자고 했어요. 하지만 미국의 트루먼 대통령은 그에 반대하며 리지웨이 장군을 새로운 사령관으로 임명했어요. 그는 전쟁을 끝내기 위해 북한과 휴전하려 했지만 남한은 한반도 전체를 통일해야 한다며 반대했지요. 결국 북한군, 중국군, 유엔군 대표만 판문점에 모여 휴전 협정을 맺게 되었어요.

이렇게 해서 1953년 7월 27일, 6·25 전쟁이 중단되었어요. 전쟁의 피해는 아주 컸지요. 죽거나 다친 사람들이 남북한을 통틀어 500만 명이나 되었어요. 한반도는 농사지을 땅도 없는 폐허로 변했지요. 이를 되돌리는 데는 수많은 시간과 노력이 필요했어요. 하지만 무엇보다 가장 큰 피해는 남과 북이 아직도 서로를 믿지 못하고 등을 돌리고 있는 것이랍니다.

휴전 협정에 서명하고 있는 유엔군 대표

남북 군사분계선에 있는 판문점

2장

전쟁으로 보는 세계사
고대 국가들의 격돌

고대의 전쟁은 대부분 영토를 넓히기 위해 벌어졌어요.
땅을 넓히면 그만큼 세금도 더 많이 거두어들이고
무역도 활발해져서 풍족하게 살 수 있기 때문이지요.
전쟁을 통해 새로운 문화가 전파되는 일도 있었어요.
알렉산드로스 대왕의 정복 전쟁으로
헬레니즘 문화가 꽃핀 것이 좋은 예이지요.
고대 세계의 역사를 바꾼 전쟁에는
어떤 것들이 있는지 함께 알아보아요.

기원전 3500년	메소포타미아 문명 시작
기원전 3000년	이집트 문명 시작
기원전 2500년	인더스 문명, 중국 문명 시작
기원전 770년	중국, 춘추·전국 시대 시작
기원전 753년	로마 건국
기원전 492 ~ 기원전 448년	**1** 동서양 최초의 대결, 그리스·페르시아 전쟁 그리스 vs. 페르시아 제국
기원전 443년	그리스, 페리클레스 시대
기원전 431 ~ 기원전 404년	**2** 그리스의 지배권을 잡아라, 펠로폰네소스 전쟁 아테네 vs. 스파르타
기원전 334 ~ 기원전 323년	**3** 헬레니즘 문명의 시작, 알렉산드로스 대왕의 동방 원정 마케도니아·그리스 연합군 vs. 페르시아 제국
기원전 317년	인도, 최초의 통일 제국 마우리아 왕조 성립
기원전 264 ~ 기원전 146년	**4** 지중해를 장악하고 제국이 된 로마, 포에니 전쟁 로마 제국 vs. 카르타고
기원전 221년	진나라, 중국 통일
기원전 221 ~ 기원전 206년	**5** 만리장성을 쌓게 한 이민족의 침입, 진과 흉노의 충돌 진나라 vs. 흉노
기원전 202년	한나라 건국

동서양 최초의 대결
그리스·페르시아 전쟁

고대 그리스는 오래 전부터 크고 작은 도시 국가인 폴리스로 이루어져 있었어요. 폴리스는 보통 때엔 독립적으로 생활하다가 전쟁이 나면 서로 힘을 합쳐 적군에 맞섰어요. 이런 도시 국가들의 연합인 그리스에게 가장 큰 적은 페르시아였어요. 페르시아는 서아시아부터 그리스 일부 지역까지 장악하고 대제국을 이루고 있었지요.

에게 해의 해상권을 놓고 충돌한 두 세계

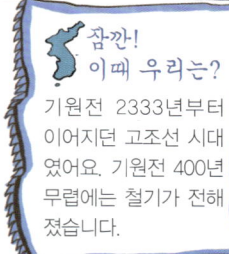

잠깐! 이때 우리는?
기원전 2333년부터 이어지던 고조선 시대였어요. 기원전 400년 무렵에는 철기가 전해졌습니다.

기원전 499년, 페르시아의 지배를 받던 이오니아 사람들이 독립을 위해 반란을 일으켰어요. 그리스의 폴리스 중 하나였던 아테네는 군대를 보내 반란군을 도왔지요. 페르시아에 에게 해의 해상권을 뺏기지 않기 위해서였어요. 아테네는 에게 해를 무대로 해상 무역을 하던 국가였거든요.

페르시아의 다리우스 1세는 군대를 보내 반란을 진압하고, 이오니아 사람들을 도운 아테네에 보복을 하려고 그리스 원정에 나섰어요. 기원전 492년, 페르시아 군대는 그리스 북부 트라키아와 마케도니아를 점령하고 아테네를 향해 나아갔지요. 하지만 페르시아의 함대가 바다에서 폭풍을 만나는 바람에 다리우스 1세의 1차 원정은 실패로 끝났어요.

다리우스 1세
(기원전 550~486년)

# 마라톤 전투와 마라톤 경기의 탄생

마라톤 전투에서 아테네는 1만 1천여 명의 병력으로 1만 5천 명의 페르시아의 군대와 싸웠어요. 하지만 아테네가 192명의 병사를 잃은 데 비해, 페르시아는 6,400명의 병사를 잃었지요. 아테네 군대는 승리의 소식과 함께 페르시아 군이 곧 해상으로 공격해 올 것이라는 소식을 전하기 위해 페이디피데스라는 병사를 보냈어요.

페이디피데스는 약 40킬로미터를 쉬지 않고 달려가 소식을 전하고 숨을 거두었어요. 병사의 희생으로 아테네는 페르시아와 싸우지 않게 되었어요. 그 뒤로 페이디피데스의 죽음을 기리기 위해 42.195킬로미터를 달리는 마라톤 경기가 생겼지요.

페르시아의 그리스 원정, 두 번째 실패를 맞다

다리우스 1세는 군대를 정비하고 기원전 490년에 다시 그리스를 공격했어요. 아테네는 이웃 폴리스 스파르타에 도움을 요청했어요. 하지만 스파르타가 종교 축제 기간이었기 때문에 지원군을 보내는 일이 계속 늦어졌어요. 어쩔 수 없이 아테네는 밀티아데스 장군을 보내 페르시아군과 맞서게 했어요. 전쟁터는 마라톤 평원이었지요.

아테네군은 페르시아가 생각지도 못한 방법을 썼어요. 페르시아군을 아테네군 대열의 중앙으로 꾀어내 포위해 버린 거예요. 함정에 빠진 페르시아군은 전투에서 졌고, 이번에는 배를 타고 아테네를 공격하려 했어

요. 하지만 아테네가 전투 태세를 갖추고 있다는 소식을 듣고, 자신감을 잃어 고향으로 돌아가 버렸지요.

그리스 동맹군, 대제국 페르시아를 물리치다

다리우스 1세는 다시 전쟁 준비를 했지만 결국 뜻을 이루지 못하고 죽었어요. 그의 아들 크세르크세스 1세는 아버지의 복수를 위해 기원전 480년, 3차 그리스 원정에 나섰어요. 그리스는 아테네와 스파르타를 중심으로 동맹군을 형성하여 맞섰지요.

이게 바로 살라미스 해전에서 큰 공을 세운 아테네의 삼단노선이구나! 날렵하게 생겼는데?

스파르타는 페르시아 대군에게 전멸하고 말았어요. 하지만 아테네는 페르시아 해군을 살라미스 해협으로 유인해서 큰 승리를 거두었지요. 살라미스 해협은 폭이 좁아서 상대적으로 전함이 작고 가벼운 그리스에 유리했거든요.

페르시아는 다음 해에도 그리스에 쳐들어왔지만 그리스 동맹군에게 패하고 돌아갔어요. 그 뒤로 페르시아는 그리스 정복을 포기했어요.

아테네의 전성기, 그리고 또 다른 갈등의 예고

전쟁에서 승리한 뒤, 아테네에서는 가난한 사람도 중요한 나랏일 결정에 참여할 수 있게 되었어요. 전쟁에 참여해 함께 싸운 공로가 인정되었기 때문이에요. 비록 이런 권리는 남자 시민만 누릴 수 있는 것이었지만 아테네는 민주주의의 전성기를 맞게 되었어요.

아테네는 강한 해군력으로 에게 해의 무역을 장악하고 상업적으로도 번창했어요. 또 주변 폴리스들과 동맹을 맺고 지휘권을 갖게 되었지요.

흥미진진 전쟁 낭식!

그리스의 밀집 방진과 중장 보병

그리스의 병사들은 적에 맞설 때 **밀집 방진**을 이루었어요. 밀집 방진이란 병사들이 앞뒤로 빽빽하게 사각형 모양을 만들어 싸우는 방법이에요.

병사들은 투구, 흉갑, 청동 방패, 정강이 싸개로 몸을 보호했어요. 무기는 주로 2미터 길이의 창을 사용했지요. 이렇게 단단히 무장을 한 군인을 **중장 보병**이라 불렀는데, 이들은 고대 그리스 군대의 가장 중요한 병사였어요.

그리스의 지배권을 잡아라
펠로폰네소스 전쟁

그리스·페르시아 전쟁 후 아테네는 페리클레스라는 지도자를 중심으로 민주주의 정치를 발전시키고 그리스 문명을 꽃피웠어요. 하지만 스파르타는 페르시아 전쟁으로 큰 이익을 보지 못하고 아테네에게 점점 주도권을 빼앗기고 있었지요.

아테네의 지도자 페리클레스
(기원전 495년경~ 기원전 429년)

앞서 나가는 아테네와 불만에 찬 스파르타

아테네는 에게 해와 소아시아(지금의 터키) 주변의 도시들을 모두 합쳐서 그리스 제국으로 발돋움하려 했어요. 그리고 페르시아의 침략에 대비해 주변에 있는 폴리스들을 모아 '델로스 동맹'을 만들었지요. 델로스는 에게 해에 있는 섬이었는데, 아테네는 이곳에 군대를 먹여 살릴 공동 자금 창고를 만들고 자금을 관리했지요.

아테네가 번영하자 경쟁 도시인 스파르타는 그리스와 지중해, 에게 해의 지배권을 아테네에게 빼앗길까 봐 불안했어요. 그래서 아테네에 맞서기 위해 기원전 500년대부터 있던 펠로폰네소스 동맹을 재정비했어요. 펠로폰네소스 동맹은 스파르타를 중심으로 한 주변 도시들의 군사 연합이지요. 그렇게 스파르타는 아테네와 싸울 기회를 엿보고 있었어요.

아테네의 건축을 대표하는 파르테논 신전이야.

아테네와 스파르타, 펠로폰네소스 전쟁을 시작하다

스파르타는 드디어 아테네와 전쟁할 기회를 잡았어요. 에피담노스를 두고 코린토스와 케르키라(지금의 코르푸) 간에 싸움이 일어난 거예요. 에피담노스는 케르키라의 식민지였어요. 케르키라는 코린토스의 식민지로 출발했지만, 독립하여 코린토스와 경쟁하는 사이가 되어 있었지요.

스파르타가 동맹국인 코린토스를 편들고 나서자 아테네는 케르키라 편에 섰어요. 서로 자기에게 이익이 되는 쪽의 손을 잡은 것이었지요. 결국 기원전 431년, 아테네와 스파르타는 전쟁을 시작했어요.

전쟁 초반에는 아테네가 우세했어요. 그런데 이름을 알 수 없는 전염병이 돌면서 힘이 약해지기 시작했지요. 전염병으로 많은 시민들이 죽었고 뛰어난 지도자였던 페리클레스도 목숨을 잃었어요. 하지만 아테네는 그

리스 서부와 펠로폰네소스 반도 정벌을 멈추지 않았어요. 그러자 스파르타가 싸움을 멈추길 제의했고, 결국 아테네도 휴전을 하기로 했지요.

아테네의 알키비아데스, 스파르타의 편에 서다

아테네와 스파르타는 잠시 쉬었다가 다시 전쟁을 시작했어요. 기원전 415년, 아테네군의 지휘관인 알키비아데스가 스파르타의 보급 기지(병사들에게 나누어 줄 식량과 무기를 모아 놓은 곳)인 시칠리아 섬으로 쳐들어갔지요.

알키비아데스가 시칠리아 섬을 점령했으면 아테네가 전쟁에서 이겼을지도 몰라요. 하지만 운명의 여신은 스파르타 편을 들었어요. 아테네에 있던 알키비아데스 반대파들이 신을 모독한 죄로 그를 고소한 거예요. 신에게 올리는 제사 의식을 비웃었다는 게 이유였지요.

알키비아데스는 아테네로 돌아가면 재판을 받을 상황에 처하자 조국을

배신하고 말았어요. 그는 스파르타 군대로 가서 아테네의 작전을 모두 말해 버렸지요. 그 결과, 스파르타가 시칠리아 원정에 나선 아테네군을 모두 무찔렀어요.

그리스의 몰락을 불러온 펠로폰네소스 전쟁

스파르타가 막강한 해군력을 자랑하는 아테네를 이긴 것은 페르시아의 도움 덕분이었어요. 스파르타는 페르시아와 연합하여 아주 큰 함대를 만들었지요. 그리고 흑해를 손에 넣어 아테네의 중요한 보급로를 끊었어요.

기원전 405년, 스파르타는 적의 보급로를 점령한 뒤 아이고스포타미 해전에서 아테네 함대를 무찌르고 에게 해를 장악했어요. 그러자 아테네의 델로스 동맹국들이 하나둘 떨어져 나가 아테네를 배신하고 공물도 바치지 않게 되었지요. 상황이 점점 어려워지자 아테네는 기원전 404년에 결국 스파르타에게 항복했어요.

이로써 펠로폰네소스 전쟁이 끝났어요. 하지만 아테네가 스파르타에 패하면서 그리스의 민주주의는 쇠퇴하고 말았어요. 또 델로스 동맹이 해체되었고, 펠로폰네소스 동맹에도 분열이 생겼지요. 이렇게 해서 그리스 도시 국가들은 모두 힘이 약해지게 되었답니다.

무역으로 번성했던 델로스 섬의 유적이란다.

헬레니즘 문명의 시작
알렉산드로스 대왕의 동방 원정

알렉산드로스
(기원전 356~기원전 323년)

동양과 서양을 넘나들며 대제국을 이룬 알렉산드로스 대왕은 그리스 북쪽에 있는 마케도니아 왕국에서 태어났어요. 마케도니아는 그리스로부터 북방의 오랑캐로 취급받던 나라였지요. 하지만 알렉산드로스의 아버지 필리포스 2세는 군대를 이끌고 내려가 그리스 반도를 통일했어요.

마케도니아, 그리스를 정복하다

스파르타는 펠로폰네소스 전쟁에서 승리하고 그리스에서 제일 강한 나라가 되었어요. 그리고 그 뒤부터 그리스 폴리스들 사이에서 큰 형님 노릇을 했지요. 하지만 그것도 오래 가지는 못했어요. 다른 폴리스들이 스파르타의 간섭에 불만을 가지게 되었거든요. 결국 스파르타는 폴리스 중 하나인 테베와의 전쟁에서 패했지요.

그 뒤 그리스 반도는 아주 어지러워졌어요. 바로 그때 마케도니아의 필리포스 2세가 그리스 반도를 집어삼켰어요. 하지만 필리포스 2세의 정복 사업은 거기서 끝나고 말았어요. 그가 페르시아 제국과 싸울 준비를 하던 중에 살해당했기 때문이지요. 필리포스 2세의 아들 알렉산드로스는 아버지의 뜻을 이어받아 페르시아 정복 전쟁을 시작했어요.

필리포스 2세 시대의
마케도니아 은화

페르시아 원정에 나서다

알렉산드로스는 왕위에 오르자마자 강력한 저항 세력이던 테베를 무찔러 그리스 반도를 완전히 장악했어요. 그리고 기원전 334년에 페르시아 원정에 나섰지요. 4만 2천여 명에 이르는 병사와 100여 척이 넘는 함대가 그의 뒤를 따랐어요.

알렉산드로스는 먼저 페르시아의 지배를 받던 소아시아(지금의 터키 지방)의 도시들을 정복했어요. 그리고 곧바로 페르시아로 쳐들어가지 않고, 페르시아의 지배를 받던 페니키아를 거쳐 이집트로 향했어요. 식민지들부터 공격하여 페르시아의 힘을 약화시키려 한 거예요. 알렉산드로스는 결국 페니키아와 이집트도 차지했지요.

알렉산드로스, 동서양을 아우르는 제국을 건설하다

기원전 331년, 알렉산드로스는 페르시아의 왕인 다리우스 3세와 맞붙게 되었어요. 당시 알렉산드로스의 군대는 보병 4만 명, 기병 7천 명이었어요. 반면 페르시아군은 이집트, 중앙아시아, 인도, 소아시아 등 24개의 나라에서 온 10만 명의 병사로 이루어져 있었지요. 하지만 알렉산드로스는 뛰어난 전략과 잘 훈련된 군대를 바탕으로 두 배가 넘는 적과 싸워 이겼어요.

페르시아군과 싸우는 알렉산드로스

인도의 왕과 싸우는 알렉산드로스

인도에서 군사를 돌려 페르시아로 돌아오다

전투에서 진 다리우스 3세는 도망치다가 부하에게 배신당해 죽고 말았어요. 그리고 알렉산드로스는 페르시아를 손에 넣었지요. 이로써 그는 동서양을 통합한 최초의 왕이 되었어요.

알렉산드로스의 야망은 여기서 멈추지 않았어요. 그는 군사들을 이끌고 동쪽으로 계속 나아갔지요. 군대는 아프가니스탄을 정복하고 인도 내륙까지 갔어요. 그리고 인더스 강을 건너 인도양에 닿았어요. 하지만 병사들이 오랜 원정으로 몹시 힘들어했지요. 알렉산드로스는 어쩔 수 없이 전쟁을 멈추고 군사를 돌렸어요.

동서 문화가 융합된 헬레니즘 문화의 탄생

알렉산드로스는 오랜 원정을 마치고 페르시아로 돌아왔어요. 그리고 이제 서쪽으로 눈을 돌려 카르타고와 로마 정복을 준비했지요. 하지만 기원전 323년, 그는 갑작스러운 열병에 걸려 서른셋의 나이로 숨을 거두고 말았어요. 그 뒤 제국은 후계자들에 의해 세 개의 나라로 나뉘었다가, 나중에 모두 로마에게 정복당했지요.

알렉산드로스는 정복 전쟁을 통해 동서양의 정치, 군사뿐만 아니라 문화까지도 처음으로 통합하는 업적을 남겼어요. 그는 가는 곳마다 그리스 문화를 퍼뜨렸지요. 그 덕분에 그리스 문화와 페르시아, 이집트 등의 동방 문화가 어우러진 헬레니즘 문화가 태어났어요. 헬레니즘은 '헬레네스'에서 비롯된 말인데, 헬레네스란 그리스 인들이 스스로를 부르던 이름이에요.

알렉산드로스가 건설한 대제국은 그의 죽음과 함께 사라졌지만, 헬레니즘 문화는 그 후로도 오랫동안 꽃피었답니다.

인체를 가장 아름답게 표현한 '밀로의 비너스'는 헬레니즘 문화를 대표하는 작품이야.

알렉산드로스 대왕과 고르디우스의 매듭

알렉산드로스는 동방 원정 중에 프리기아라는 곳을 지나게 되었어요. 그곳에 있던 제우스 신전 기둥에는 '고르디우스의 전차'라 불리는 짐수레가 묶여 있었는데, 그 매듭을 푸는 이가 아시아를 지배한다는 전설이 있었지요. 많은 사람들이 매듭 풀기에 도전했지만 아무도 성공하지 못했어요.
전설을 들은 알렉산드로스는 얽히고설킨 매듭을 칼로 잘라 버렸어요. 결국 그는 예언대로 아시아를 정복했지요. 그 뒤부터 복잡한 문제를 대담한 생각과 행동으로 해결할 때 '고르디우스의 매듭을 끊는다.'고 표현하게 되었답니다.

고르디우스의 매듭을 자르는 알렉산드로스

지중해를 장악하고 제국이 된 로마
포에니 전쟁

이탈리아 반도에서는 로마라는 나라가 꿈틀거리고 있었어요. 로마는 기원전 753년에 작은 도시 국가로 출발하여 나중에 이탈리아 반도를 통일했지요. 이때부터 지중해를 둘러싼 전쟁의 역사가 시작되었어요.

지중해의 두 강자가 충돌하다

로마는 기원전 272년에 이탈리아 반도 전체를 손에 넣었어요. 그 뒤 지중해로 눈을 돌려 이탈리아 반도 옆에 있는 시칠리아 섬을 정복하려 했지요. 그런데 시칠리아 섬은 카르타고의 힘이 미치는 곳이었어요.

당시 지중해 일대는 카르타고가 휘어잡고 있었어요. 카르타고는 페니키아 사람들이 북아프리카의 지중해 연안(지금의 북아프리카 튀니지)에 세운 도시 국가였지요. 페니키아 인은 그리스 인보다 먼저 도시 국가를 건설하고 해상 무역을 했어요. 그래서 카르타고는 이미 기원전 500년대부터 상업 도시로 번성하고 있었지요.

오랫동안 지중해를 장악하고 있던 카르타고는 로마가 강해지는 걸 그냥 두고 볼 수 없었어요. 더구나 로마가 시칠리아 섬까지 넘보니, 전쟁은 피할 수 없는 일이 되었지요.

말풍선: 로마를 세운 로물루스와 레무스 상이야. 로물루스와 레무스는 늑대 젖을 먹고 자랐다는 전설이 있지.

금과 은을 섞어 만든 카르타고의 동전

제1차 포에니 전쟁에서 승리를 거둔 로마

당시 시칠리아 섬에는 메시나와 시라쿠사라는 두 나라가 있었는데, 이들 사이에 전쟁이 일어났어요. 두 나라는 각각 로마와 카르타고에게 도움을 요청했지요. 로마는 곧바로 카르타고에 전쟁을 선포했어요. 기원전 264년, 제1차 포에니 전쟁이 시작된 거예요.

전쟁 초반에는 카르타고가 우세했어요. 카르타고에는 하밀카르 바르카라는 뛰어난 장군이 이끄는 강력한 함대가 있었기 때문이에요. 그러나 로마 병사들의 용맹함 덕분에 전쟁은 로마의 승리로 끝났어요. 로마는 시칠리아 섬 서쪽 바다에서 펼쳐진 해전에서 크게 이겨 카르타고의 항복을 받아냈지요. 이렇게 기원전 241년, 로마가 시칠리아 섬을 차지했어요.

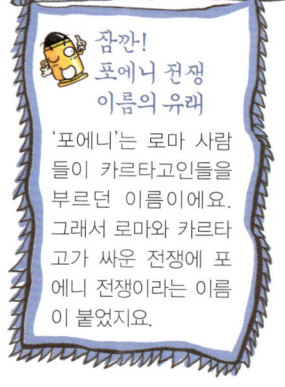

잠깐! 포에니 전쟁 이름의 유래

'포에니'는 로마 사람들이 카르타고인들을 부르던 이름이에요. 그래서 로마와 카르타고가 싸운 전쟁에 포에니 전쟁이라는 이름이 붙었지요.

카르타고의 한니발, 제2차 포에니 전쟁을 시작하다

전쟁에서 지고 지중해의 최강자 자리를 빼앗긴 카르타고는 무척 속이 상했어요. 이때 카르타고의 장군 하밀카르 바르카스에게는 한니발이라는 아들이 있었지요.

한니발은 카르타고의 식민지 히스파니아의 총독이 된 뒤에 아버지의 한을 풀기 위해 로마를 공격했어요. 이렇게 해서 기원전 218년, 제2차 포에니 전쟁이 일어났답니다.

그런데 한니발은 바다로도, 육지로도 움직일 수 없었어요. 지중해와 육로 모두 로마군이 장악하고 있었거든요. 그래서 그는 로마의 예상을 깨는 전술을 쓰기로 했어요. 로마군이 있는 곳을 피해 피레네 산맥과 알프스 산맥을 넘기로 한 거예요.

한니발
(기원전 247 ~ 기원전 183년)

한니발은 험한 알프스 산맥을 넘는 중에 절반이 넘는 많은 군사들을 잃었어요. 그렇지만 용병술(군사를 지휘하는 기술)이 뛰어났던 그는, 칸나이 전투에서 적은 수의 군사로 로마의 8만 대군과 싸워 크게 이겼지요.

카르타고를 멸망시키고 지중해의 주인이 된 로마

한니발은 로마군과의 전투에서 승리를 거두면서도 로마를 공격하지는 않았어요. 그의 목적은 로마의 힘을 약하게 하는 것이었지 로마를 점령하는 것이 아니었기 때문이에요. 그래서 전쟁은 10여 년 동안 계속되었지요. 그런데 한니발이 전쟁에 열중하는 사이, 로마가 카르타고를 공격했어요. 결국 한니발은 조국을 지키기 위해 카르타고로 돌아갔어요.

로마군이 크게 패한 칸나이 전투

로마는 스키피오라는 장군을 보내 한니발과 맞서게 했어요. 스키피오는 북아프리카 자마에서 한니발의 코끼리 부대를 무찌르고 크게 승리했지요. 이렇게 해서 제2차 포에니 전쟁 역시 로마의 승리로 끝났어요. 카르타고는 전쟁 배상금을 물고 로마의 허락 없이는 전쟁을 하지 않겠다는 약속까지 해야 했어요.

카르타고의 로마 시대 유적

하지만 로마는 여기서 만족할 수 없었어요. 카르타고를 완전히 없애야 지중해를 차지할 수 있다고 생각한 것이지요. 그래서 카르타고 옆에 있던 도시 국가인 누미디아를 부추겨 카르타고와 싸움을 벌이게 했어요. 그리고 이를 빌미로 기원전 149년에 제3차 포에니 전쟁을 일으켰지요.

제2차 포에니 전쟁을 끝맺은 자마 전투

로마군은 3년 만에 카르타고를 손에 넣고 도시를 철저하게 파괴했어요.

로마는 세 차례 벌어진 포에니 전쟁에서 승리하면서 강대국이 되었어요. 그리고 이탈리아와 히스파니아, 북아프리카 지방을 지배하면서 지중해의 해상 무역을 장악했지요. 로마는 이를 발판 삼아 마케도니아와 그리스, 소아시아 지방까지 차지하고 강력한 제국을 세웠답니다.

우리 로마군은 무적이야!

만리장성을 쌓게 한 이민족의 침입
진과 흉노의 충돌

중국에서는 일찌기 황허와 양쯔강 유역에서 문명이 꽃피운 이래, 하나라, 상나라와 주나라가 차례로 세워졌어요. 기원전 770년 주나라가 쇠약해진 이후, 수백 년 동안 주나라의 제후국들이 천하를 차지하기 위해 서로 힘겨루기를 하고 있었어요. 이 시대를 '춘추·전국 시대'라고 하지요.

진 시황제, 중국 최초의 통일 제국을 이룩하다

춘추·전국 시대 제후들은 힘이 약해진 주나라 왕을 완전히 무시하고 스스로를 왕이라고 했어요. 이 중 가장 강한 7개 나라를 7웅이라고 했는데, 중심부에 위치한 위나라, 한나라, 조나라와 동쪽의 제나라, 남쪽의 초나라, 북쪽의 연나라 그리고 가장 서쪽 변방에 위치한 진나라였어요.

7웅 중 진나라는 문화적으로 가장 뒤떨어져 다른 나라들에게 무시당했어요. 진 시황제는 14세의 어린 나이에 이런 진나라의 31대 왕이 되었어요. 그는 나라를 강하게 만들기 위해 법가로 나라를 다스렸어요. 법가는 백성들이 조금만 잘못해도 법으로 엄하게 다스리는 사상이에요. 법가를 통해 나라의 기틀이 잡히자, 이번에는 주변 나라를 공격했지요. 그리고 기원전 221년 그의 나이 39세 때, 마침내 춘추·전국 시대를 통일하는데 성공했어요.

내가 최초로 중국을 통일한 진 시황제란다.

진 시황제(기원전 259 ~ 기원전 210년)

진 시황제, 스스로 황제라 칭하다

천하를 통일한 그는 자신을 '시황제'라 칭하고 '폐하'로 부르게 하였지요. 그리고 통일 제국을 효율적으로 다스리기 위해 군현 제도를 새롭게 도입하여 지방을 다스렸어요. 군현제란 중앙에서 파견된 관리가 지방을 다스리는 제도예요.

진 시황제는 중국을 사회적, 경제적, 문화적으로 통일하기 위해 각 나라에서 서로 다르게 사용되던 도량형(길이, 무게, 부피 등을 재는 단위), 문자, 화폐도 하나로 통일했어요.

진나라 이전의 중국에서는 이렇게 각 지역마다 다른 화폐를 사용했어요.

진나라는 화폐를 통일하여 경제 제도를 정비했지요.

나라마다 쌓았던 성벽을 허물고 길을 내다

진 시황제는 나라 사이의 모든 성벽을 허물고 군단이 지나갈 정도로 넓고 잘 포장된 도로를 건설했어요. 하지만 허물지 않은 성벽이 있었어요. 각 나라들이 이민족의 침입을 막기 위해 북쪽의 국경 지대에 쌓은 장벽이지요.

중국은 예로부터 사방의 이민족에게 공격을 받았어요. 중국인들은 동쪽의 이민족을 동이, 서쪽의 이민족을 서융, 남쪽의 이민족을 남만, 북쪽의 이민족을 북적이라고 하였지요. 특히 춘추·전국 시대 각 제후국들은 북쪽 장벽을 넘어 침입해 오는 유목 민족들 때문에 매우 골머리를 앓았어요. 장벽을 여러 번 쌓아도 말을 타고 쏜살같이 달려 들어오는 그들을 막을 수 없었지요.

흉노족은 북적을 대표하는 유목 민족으로 각 나라들이 가장 두려워했어요. 그들은 내몽골의 대초원 지대를 중심으로 생활하고 있었는데, 식량이 떨어지면 말을 타고 무섭게 활을 쏘며, 장벽을 넘어 공격해 들어왔어요.

진 시황제, 흉노족을 막기 위해 만리장성을 쌓다

흉노족들은 잔인하게 노략질을 했어요. 남녀노소를 가리지 않고 공격한 다음, 곡식과 재산을 모조리 빼앗아 갔지요.

진 시황제는 흉노족을 막기 위해 두 가지 방법을 택했어요. 하나는 기원전 218년, 몽염 장군에게 30만 명의 군사를 주어 흉노족이 빼앗아 간 하투 지역을 되찾아 오게 한 일이에요. 또 하나는 20만 명의 백성을 동원하여 춘추·전국 시대에 각국이 쌓았던 산성을 하나로 연결하는 것이지요.

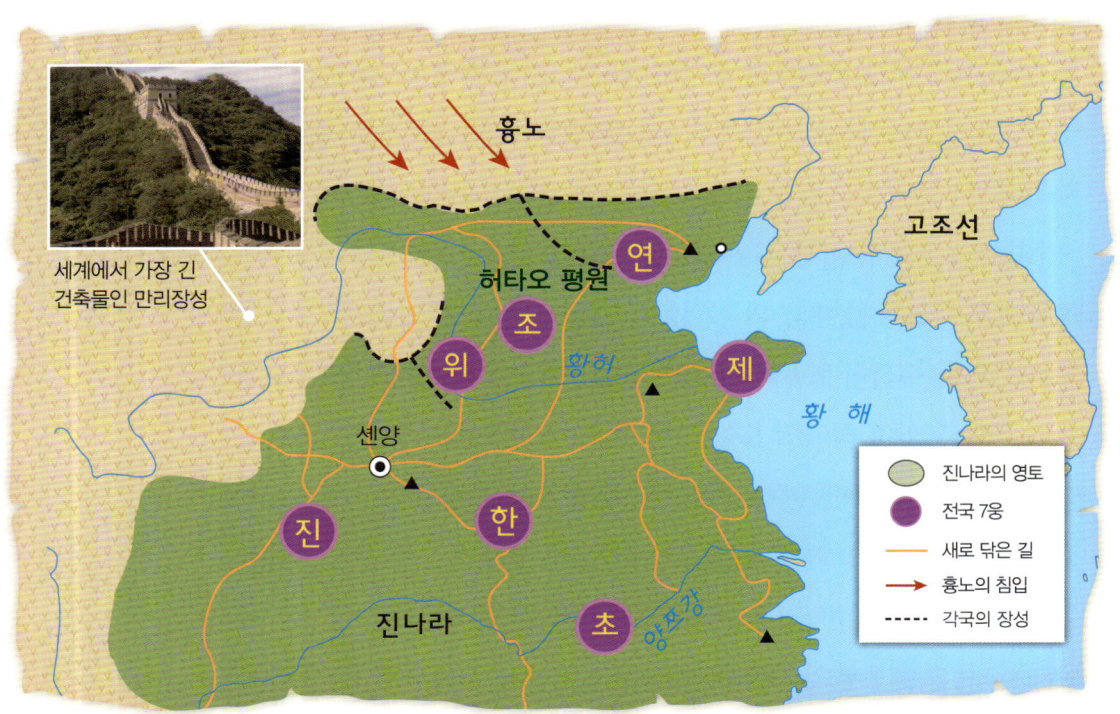

세계에서 가장 긴 건축물인 만리장성

짧은 역사를 끝으로 멸망의 길을 가다

처음 만리장성을 쌓기 시작한 나라는 전국 시대 때 흉노족의 침입을 가장 많이 받았던 연나라, 조나라, 진나라였어요. 진 시황제는 무너진 성벽을 다시 수리하는 한편, 더 높이 쌓고, 이어 장장 2,700km에 달하는 만리장성을 완성시켰지요. 성벽의 높이는 6~9m에 달했고, 100m 간격으로 망루를 설치하여 군대를 배치했어요. 공사는 결코 쉽지 않았어요. 만리장성을 쌓다가 발을 헛디뎌 목숨을 잃는 사람도 부지기수였지요.

만리장성이 완성되면서 흉노족의 약탈은 그런대로 막을 수 있었어요. 그러나 각종 공사에 동원된 백성들의 불만은 하늘을 찌를 듯이 높아졌어요. 진 시황제는 백성들의 원성을 강력한 정치로 다스렸어요. 이렇게 맹위를 떨치던 진 시황제은 전국을 순행하던 중 병을 얻어 50세의 나이로 세상을 떠났어요.

뒤를 이은 호해 황제는 무능하여 환관(내시)의 횡포가 심했어요. 그러던 중 중국 최초의 농민 반란인 진승·오광의 난이 일어났어요. 농민인 진승과 오광은 국경을 지키라는 왕의 명을 받고 국경 근처로 가고 있었어요. 그런데 비가 너무 많이 와서 예정된 날짜에 도착하지 못하게 되자 벌을 받을 것이 두려워 난을 일으켰어요. 이후 전국에서 반란이 일어나, 진나라는 진 시황제가 세상을 떠난 지 4년 만에 멸망하고 말았습니다.

진 시황릉과 왕릉 안에서 발굴된 8천여 점의 흙으로 만든 병사

진 시황제는 39년간 70여만 명의 사람들을 동원해 자신의 무덤을 만들었어. 또 동서 약 700m, 남북 약 120m에 이르며 2만 명을 수용할 수 있는 화려한 궁전 '아방궁'도 지었지.

아방궁을 묘사한 그림

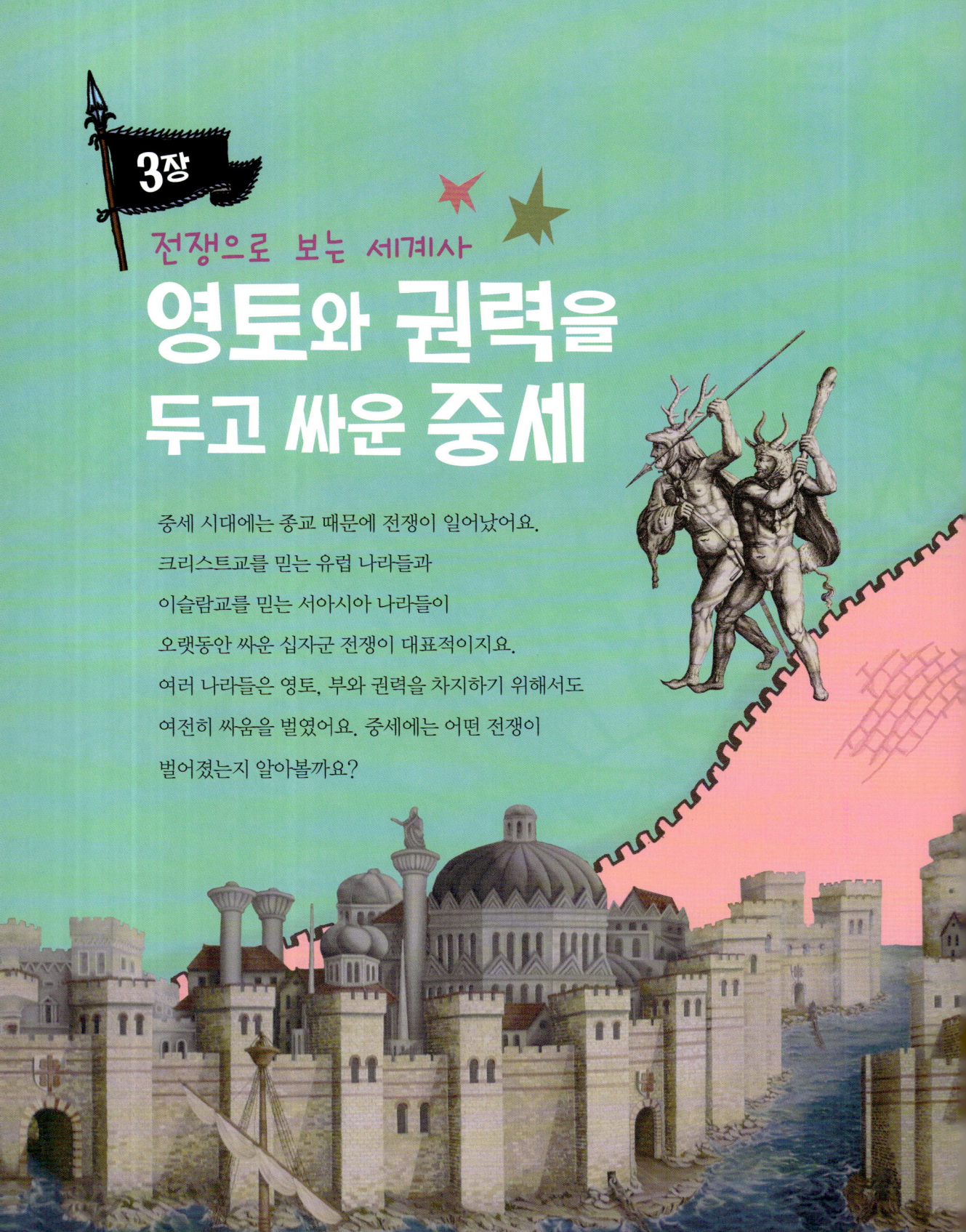

3장

전쟁으로 보는 세계사

영토와 권력을 두고 싸운 중세

중세 시대에는 종교 때문에 전쟁이 일어났어요.
크리스트교를 믿는 유럽 나라들과
이슬람교를 믿는 서아시아 나라들이
오랫동안 싸운 십자군 전쟁이 대표적이지요.
여러 나라들은 영토, 부와 권력을 차지하기 위해서도
여전히 싸움을 벌였어요. 중세에는 어떤 전쟁이
벌어졌는지 알아볼까요?

220년	중국, 삼국 시대 시작
375 ~ 476년	**1** 서로마 제국의 몰락을 부른 게르만 족의 이동, 서로마 제국 vs. 게르만 족 서로마 제국 vs. 게르만 족 용병
589년	수나라, 중국 통일
618년	당나라 건국
750년	이슬람 아바스 왕조 성립
960년	중국, 송나라 건국
1037년	이슬람 셀주크 튀르크 건국
1054년	크리스트교, 동서 분열
1096 ~ 1270년	**2** 예루살렘을 둘러싼 종교 전쟁, 십자군 전쟁 서유럽 기독교 국가 vs. 이슬람 국가
1115년	여진, 금나라 건국
1206 ~ 1368년	**3** 세계에서 가장 넓은 땅을 차지하다, 몽골 제국의 정복 전쟁 몽골 제국 vs. 아시아와 동유럽 여러 나라
1271년	몽골, 원 제국 성립
1302 ~ 1453년	**4** 천 년 제국을 멸망시킨, 오스만 · 비잔티움 전쟁 오스만 제국 vs. 비잔티움 제국
1347년	유럽, 흑사병 유행
1368년	중국, 명나라 건국
1450년대	구텐베르크, 활판 인쇄술 시작
1455년	영국, 장미 전쟁

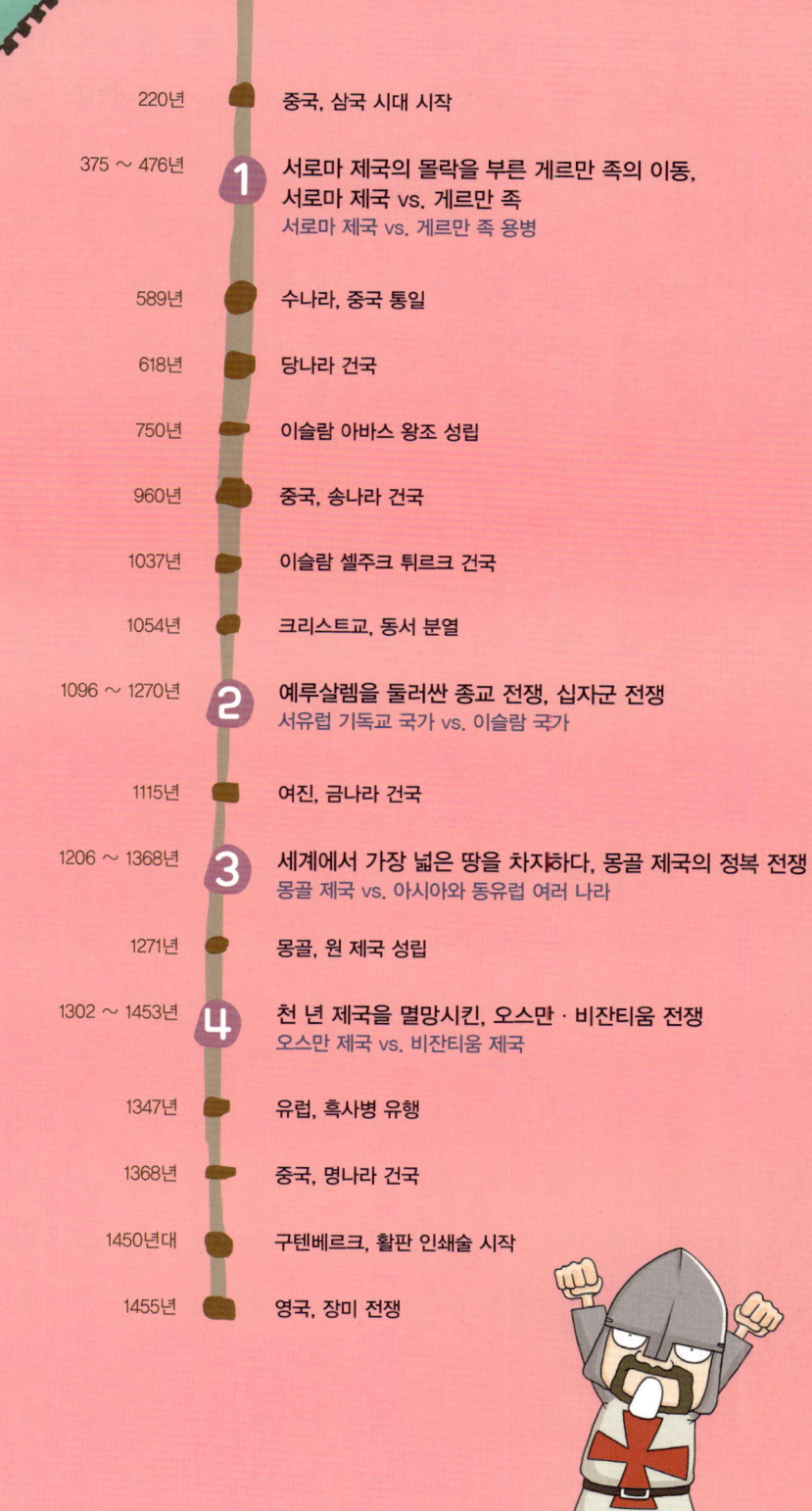

서로마 제국의 몰락을 부른 게르만 족의 이동
서로마 제국 vs. 게르만 족

"모든 길은 로마로 통한다."는 말과 같이 로마 제국은 서유럽 최대 제국이었어요. 너무 영토가 넓어지자, 375년 테오도시우스 1세는 로마를 동로마와 서로마로 나누어 두 아들에게 물려주었어요. 이 일은 훗날 동·서 로마가 각각 다른 길을 가는 계기가 되었지요.

한편 중부 유럽을 관통하는 라인강 주변과 흑해 연안에는 게르만 족이 살고 있었어요. 이들은 로마와 인접해 있었지만 문화적으로 뒤떨어져 있었어요.

로마 제국, 게르만 족을 용병으로 고용하다

게르만 족이 원래 살고 있었던 곳은 유럽 북쪽의 스칸디나비아 반도와 발트해 연안이에요. 게르만 족은 수시로 로마의 변경 지역을 침입했어요. 로마 황제들은 이들을 막기 위해 '리메스'라는 성벽을 쌓고, 직접 군단을 이끌고 나가 게르만 족과 전투를 벌였어요.

독일에 있는 로마 시대 리메스의 망루

북방 민족에 속해 큰 키에 금발머리, 푸른 눈동자를 가진 게르만 족은 문자가 없고, 농사짓는 방법도 몰라 항상 로마를 동경했어요. 기원을 전후로 게르만 족의 인구가 늘어나게 되자, 그들 중 일부는 로마 제국의 묵인 하에 로마 제국 땅에 들어와 살게 되었지요.

3세기가 되자 로마에 위기가 닥쳤어요. 군인이 황제 자리에 오르면서 황제들끼리 서로 죽고 죽이는 내란이 계속된 거예요. 게다가 지진과 전염병으로 로마 시민의 수는 급격하게 줄어들었지요. 로마 제국은 할 수 없이 오랫동안 로마 영토 내에 들어와 살고 있던 게르만인들을 용병으로 고용했어요.

로마 제국으로 대규모 이동을 단행하다

4세기에 이르면서 장군 자리까지 오른 게르만인도 나타났어요. 그런데 375년, 뜻하지 않는 일이 일어났어요. 중앙아시아를 무대로 살던 유목 기마 부족인 훈족(이들을 만리장성을 쌓았던 흉노족이라고 주장하는 학자도 있어요)이 서쪽으로 진출하여 유럽에 들어온 거예요. 그들은 게르만 족의 한 부족인 동고트족을 공격하여 지배했어요. 그러자 게르만 족의 일파인 서고트족의 일부는 서쪽으로 도망쳤고, 다른 일부는 로마 제국에 보호를 요청했어요.

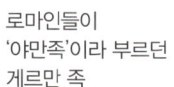

로마인들이 '야만족'이라 부르던 게르만 족

게르만 족과 전투에서 로마 황제가 죽임을 당하다

당시 권력을 잡고 있던 발렌스 황제는 부족한 로마 인구를 채우기 위해 게르만 족을 로마 제국 안에 들어와 살게 허락했어요. 하지만 이것이 화근이었지요. 서고트족에게 허용된 땅은 농사를 짓기 힘든 곳이었는데 로마 관리의 세금 독촉은 매우 심했어요. 이에 서고트족은 다른 게르만 족들과 힘을 합쳐 반란을 일으켰어요. 이 과정에서 발렌스 황제는 죽임을 당했지요.

로마 제국 황제를 지키던 근위병

3장 전쟁으로 보는 세계사 **영토와 권력을 두고 싸운 중세** 87

로마를 침략한 반달족

로마 제국의 수도 로마가 약탈당하다

이후 서로마 제국 곳곳에서 여러 번 게르만족의 침입과 대규모 반란이 일어났어요. 410년 알라리크가 이끄는 서고트족은 로마시를 함락시키고, 살인, 방화, 약탈을 저질렀어요. 455년에는 역시 게르만 족의 일파인 반달족에 의해 로마시가 다시 한 번 무자비하게 약탈당했어요.

게르만 용병 대장이 서로마 제국 황제를 폐위시키다

오도아케르에게 왕관을 넘겨주는 아우구스툴루스 황제

로마의 장군 아이티우스는 한때 로마를 위기에서 구할 영웅으로 손꼽힐 만큼 뛰어난 활약을 했어요. 그러나 반대파에 의해 살해되었고, 아이티우스에게 의지하던 로마 황제 발렌티니아누스 3세도 살해당하고 말았어요. 이후 로마의 권력은 게르만 족 출신의 장군이 차지했어요. 이렇게 되자 황제는 힘을 잃고 허수아비 신세가 되었지요.

475년, 로마 최고 군사령관인 오레스테스는 자신의 어린 아들 로물루스 아우구스툴루스를 서로마 황제 자리에 앉혔어요. 그러나 나이가 어려서 소년 황제로 불렸던 그는 겨우 1년 만에 게르만 용병 대장인 오도아케르에 의해 강제로 폐위되었어요. 이로써 서로마 제국은 영원히 역사 속으로 사라지고 말았어요. 오도아케르는 스스로 왕위에 올라 이탈리아의 왕이 되었습니다.

그런데 왜 오도아케르는 서로마 제국의 황제가 되지 못하고 이탈리아 왕으로 만족했을까요?

서로마 제국 곳곳에 이미 서고트 왕국, 동고트 왕국, 반달 왕국 등 여러 나라가 세워져 있었기 때문이야.

서로마 황제의 관을 쓴 카롤루스 대제

 게르만 족은 서로마 제국 곳곳에 여러 나라를 세웠지만 프랑크 왕국을 제외하고는 그리 오래 가지 못했어요. 지금의 프랑스가 위치한 갈리아 지역을 중심으로 세워진 프랑크 왕국은 로마인들의 종교인 정통 가톨릭을 받아들여 로마의 정통성을 이었지요.

 732년에 프랑크 왕국은 유럽 전역이 이슬람의 지배를 받을 뻔한 위기를 막아 냈어요. 프랑크 왕국의 궁재(수상)인 카를로스 마르텔은 피레네

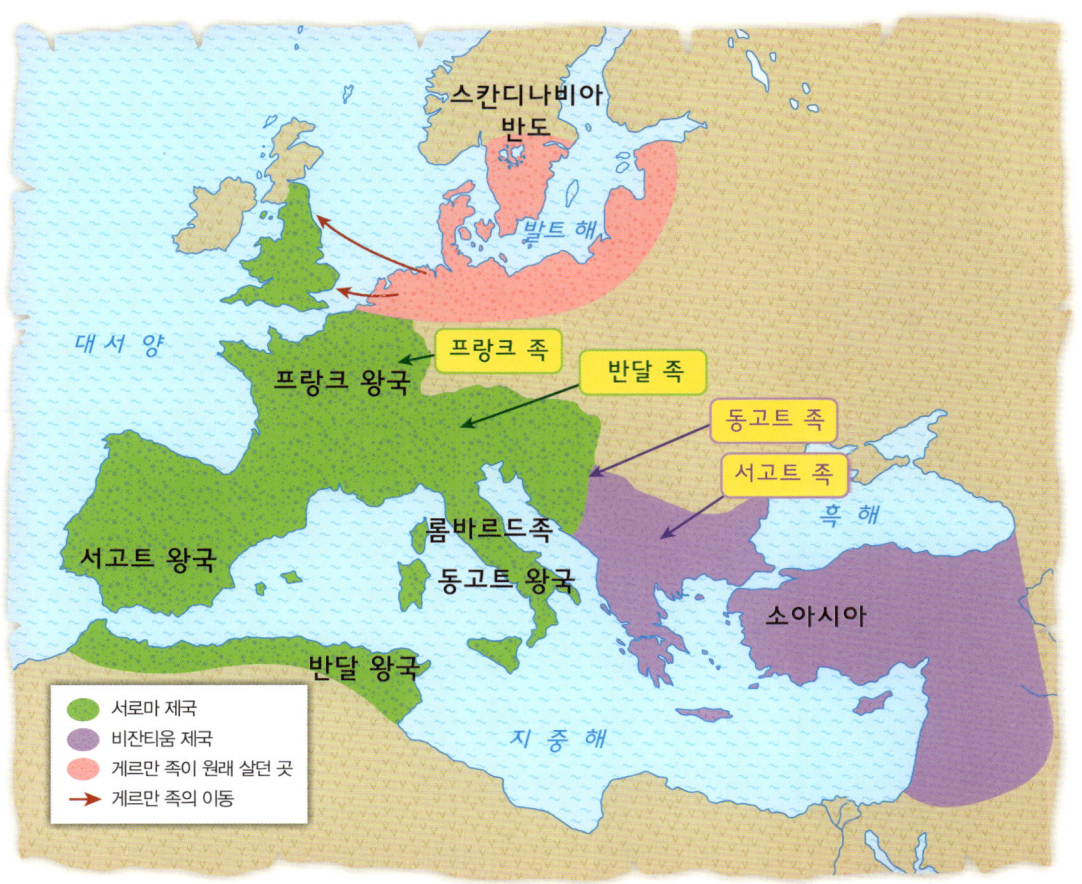

교황으로부터 서로마 황제의
왕관을 수여받는 카롤루스 대제

카롤루스 대제(742년 ~ 814년)

산맥을 넘어 침입해 오는 이슬람 군 9만 명을 맞아, 7일 동안 치열한 전투를 벌였어요. 결국 이슬람군은 물러갔고, 프랑크 왕국은 유럽인들의 든든한 지지대가 되었지요. 이것이 '투르 푸아티에 전투'예요.

이후 프랑크 왕국은 지금의 이탈리아 북부 지역에 살고 있는 롬바르드 족을 물리치고 영토를 빼앗아 교황에게 주었어요. 롬바르드 족은 로마 교황을 공격하고 있었기 때문에 교황은 이 일을 무척 고마워했어요.

결국 프랑크 왕국은 카롤루스 대제의 활발한 정복 활동으로 서로마 제국 영토의 대부분을 차지하게 되었어요. 로마 교황은 800년 크리스마스 날에 프랑크 왕국의 전성시대를 연 카롤루스 대제에게 직접 서로마 황제의 관을 씌워 주었어요.

교황이 그에게 서로마 황제의 관을 씌워준 이유는 프랑크 왕국이 서로마 제국의 진정한 계승자가 되었다는 것을 알리기 위해서였어요. 서로마 제국은 사라진 지 오래이지만, 유럽 사람들은 항상 서로마 제국 시절을 그리워했거든요.

그동안 로마 교황은 동로마 제국의 레오 3세와 사이가 좋지 않았어요. 성상(신과 성인 등을 표현한 그림이나 조각)을 숭배하는 문제 때문이었지요. 교황이 게르만족에게 가톨릭교를 알리기 위해서는 성상이 꼭 필요했어요. 그러나 레오 3세는 성상을 숭배하는 것이 신에 대한 모독이라고 생각하여 교회의 모든 성상을 파괴하도록 했어요. 이 일은 교황의 힘이 커지는 것을 견제하기 위한 것이기도 해서 로마 교황과 동로마 제국은 날카롭게 대립하고 있었어요.

이런 상황에서 프랑크 왕국의 카롤루스 대제가 서로마 제국의 계승자임을 선언하자 로마 교황은 동로마의 지배에서 벗어나 새로운 보호자를 갖게 된 것이지요.

성상 숭배 금지령에 따라 예수의 벽화를 지우는 성직자

프랑크 왕국의 분열과 신성 로마 제국의 탄생

한편 843년에 프랑크 왕국이 분열된 후, 바이킹으로 불리는 노르만족 등 이민족의 침입에 시달리던 유럽은 10세기에 이르러 다시 큰 위기에 빠졌어요. 유목 민족인 마자르족이 침입했기 때문이에요.

955년, 독일의 오토 1세는 마자르족과 맞붙은 레히펠트 전투에서 1만 명의 독일 군단을 이끌고 전투에 나서 마자르족을 격파시켰어요. 또 이탈리아까지 원정하여 로마 교황을 괴롭히던 현지 귀족들을 쫓아냈지요. 이에 로마 교황은 고마움을 표현하기 위해 963년, 오랫동안 주인이 없던 서로마 황제의 관을 씌워주었어요. 이후 독일을 '신성 로마 제국'이라고 부르게 되었답니다.

955년, 오토 1세가 1만 군사를 이끌고 싸운 레히펠트 전투

예루살렘을 둘러싼 종교 전쟁
십자군 전쟁

1000년경 유럽에는 크리스트교를 믿는 나라들이 있었고, 서아시아에는 이슬람교를 믿는 나라들이 있었어요. 당시에는 이슬람교를 믿는 셀주크 튀르크족이 예루살렘을 차지하고 있었지요. 예루살렘은 크리스트교에게도, 이슬람교에게도 성지(종교적으로 신성하게 여기는 장소)였어요.

예루살렘을 둘러싼 크리스트교와 이슬람교의 충돌

셀주크 튀르크족은 유럽의 크리스트교도들이 예루살렘에 오지 못하게 했어요. 유럽 사람들은 성지 순례를 하고 싶어도 할 수가 없으니 무척 애가 탔지요. 이런 상황에서 셀주크 튀르크족이 비잔티움 제국을 위협하기 시작했어요. 그러자 비잔티움 제국의 황제 알렉시우스 1세는 로마의 교황 우르바누스 2세에게 도움을 요청했지요.

이에 우르바누스 2세는 1095년에 프랑스 클레르몽에서 열린 공회의에서 예루살렘을 되찾기 위해 이슬람교도들과 전쟁을 벌이자고 했어요. 그는 전쟁에 참여하면 그동안 지은 죄를 용서받을 수 있다고 사람들을 설득했지요.

클레르몽 공의회에서 연설하는 우르바누스 2세

당시 유럽인들은 다른 종교를 믿는 사람들을 싫어했어요. 그런데 이슬람교도들은 성지 순례를 방해하기까지 하니 더욱 못마땅했지요. 유럽 사람들은 너나 할 것 없이 모두 전쟁에 참가하겠다고 나섰어요.

크리스트교와 이슬람교, 십자군 전쟁으로 맞붙다

1096년, 결국 제1차 십자군 전쟁이 시작되었어요. 크리스트교에 대한 자부심과 열정에 사로잡힌 유럽인들은 3년만에 예루살렘을 차지하는 데 성공했지요.

당시 이슬람 군대는 용감했지만 능력 있는 지도자가 없었어요. 그래서 쉽게 예루살렘을 십자군에 내주고 말았지요. 그 뒤 십자군은 아시아 대륙 끝에 있는 소아시아와 이스라엘에 이르는 넓은 땅에 네 개의 십자군 왕국을 세웠어요.

그 후 이슬람교도들은 다시 세력을 모아 예루살렘을 위협했어요. 유럽 나라들은 1147년에 제2차 십자군을 조직해 맞섰지요. 하지만 제2차 십자군은 이슬람 군대에게 패하고 유럽으로 돌아갔답니다.

십자군의 복장

유럽 사람들은 하느님의 이름으로 전쟁에서 승리하겠다는 뜻으로 가슴에 십자가를 새긴 옷을 입고 전쟁터에 나갔어. 그래서 '십자군'이라고 불렸지.

살라딘, 이슬람 세력의 지도자가 되다

제2차 십자군 전쟁 뒤 이슬람에는 지도자 살라딘이 나타났어요. 그는 오늘날 이라크 지역에서 태어나, 1171년에 이집트의 파티마 왕조를 무너뜨리고 이집트의 왕이 된 사람이었어요. 살라딘은 팔레스타인과 시리아까지 손에 넣어 이슬람 세계를 통일하고 아이유브 왕조를 세웠지요.

살라딘은 예루살렘을 되찾기 위해 '지하드'를 선언했어요. 지하드란 아랍어로 '이슬람교의 성스러운 전쟁'이란 뜻이에요. 살라딘은 이슬람교도들을 이끌고 1187년에 예루살렘을 되찾았지요.

살라딘에게 크게 패한 십자군

제3차 십자군 전쟁 끝에 휴전 협정이 이루어지다

1189년, 유럽 사람들은 제3차 십자군을 일으켰어요. 이번에는 유럽 최강의 군대를 조직했지요. 영국의 리처드 1세, 프랑스의 필리프 2세, 신성 로마 제국의 프리드리히 1세가 직접 원정에 참가해 힘을 보탰어요. 3차 십자군은 유럽에서 가장 강한 나라들이 뭉친 정말 막강한 군대였지요.

하지만 막상 원정을 떠나자 문제가 생겼어요. 프리드리히 1세가 소아시아로 가는 도중 물에 빠져 죽은 거예요. 게다가 전쟁 중에 리처드 1세와 필리프 2세 사이에 싸움이 일어났어요. 그래서 필리프 2세는 1191년에 갑자기 프랑스로 돌아가 버렸지요. 혼자 남은 리처드 1세는 할 수 없

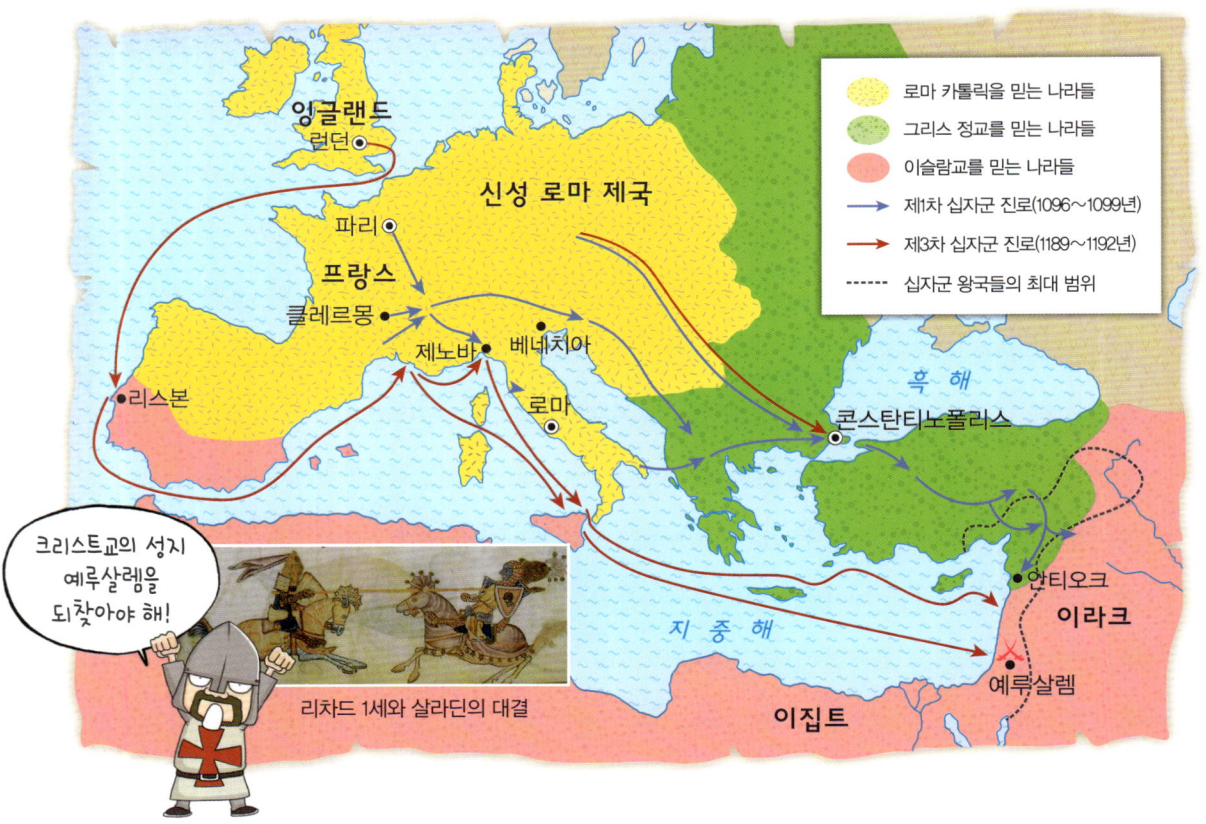

리처드 1세와 살라딘의 대결

이 전쟁을 그만두기로 하고 살라딘에게 협상을 요청했어요.

리처드 1세는 살라딘에게 "크리스트교도들이 예루살렘에 마음대로 드나들며 성지 순례를 할 수 있게 해 주면 영국으로 돌아가겠다."고 했어요. 살라딘은 이 제의를 받아들였고, 협상이 이루어졌지요. 이렇게 해서 제3차 십자군 원정이 끝났어요.

십자군 전쟁, 왕권 강화를 촉진하다

유럽 나라들은 제3차 십자군 전쟁 뒤에도 1270년까지 십자군을 다섯 차례 더 파견했어요. 그런데 이들은 예루살렘을 찾겠다는 본래의 목적은 잊고 가는 곳마다 파괴와 약탈을 일삼았지요. 처음과는 달리 왕과 기사, 교황이 서로 권력을 차지하고 경제적 이익을 얻으려고 했기 때문이에요. 결국 200여 년에 걸친 십자군 원정은 제1차 원정만 빼고 모두 실패했어요. 그리고 예루살렘은 오랫동안 이슬람교도들이 지배하게 되었지요.

십자군 전쟁의 영향으로 유럽 사회는 큰 변화를 겪었어요. 그전까지는 왕과 교황의 힘이 아주 셌어요. 이들은 서로 더 많은 힘을 가지려고 자주 다투었지요. 그런데 십자군 원정이 실패하자 교황의 권위가 떨어지고 말았어요. 또 기사들은 오랫동안 전쟁 물자를 대느라 경제적 어려움을 겪게 되었어요. 이런 상황은 유럽 여러 나라에서 왕권이 강화되는 결과를 낳았답니다.

세계에서 가장 넓은 땅을 차지하다
몽골 제국의 정복 전쟁

몽골 제국을 세운
칭기즈 칸
(1155년경 ~ 1227년)

서양을 대표하는 정복자로 알렉산드로스 대왕이 있다면 동양에는 칭기즈 칸이 있어요. 칭기즈 칸은 1200년대의 세계 지도를 바꾸어 놓은 인물이에요. 그는 몽골에서 태어났는데 원래 이름은 테무친이었지요.

세계 최대의 몽골 제국을 세운 칭기즈 칸

테무친은 아홉 살 때부터 가족을 보살피는 가장 역할을 했어요. 부족장이던 아버지가 타타르 부족(몽골족의 한 갈래)에게 독살당했기 때문이에요. 어른이 된 테무친은 주변 부족들을 하나씩 통합하기 시작하여, 마침내 1204년에 몽골 고원을 통일했지요. 그는 1206년에 부족장들의 회의인 쿠릴타이에서 전 몽골족의 최고 지도자인 '칸'으로 뽑혔어요. 이때부터 테무친은 '칭기즈 칸'으로 불리게 되었어요.

칭기즈 칸은 1209년에 중국 서북부에 있던 서하를 정복했어요. 1211년부터는 중국 북부를 지배하던 금나라를 침략해서, 4년 후 수도인 연경(지

금의 베이징)을 빼앗았지요. 또 1221년에는 중앙아시아의 호라즘 왕국을 손에 넣었고, 여기에 그치지 않고 러시아를 거쳐 유럽의 볼가 강까지 진출했어요. 결국 칭기즈 칸은 동쪽의 베이징에서 서쪽의 볼가 강에 이르는 드넓은 영토를 정복했답니다. 하지만 1227년, 그는 자기를 거스르던 서하를 다시 정벌하다가 예순다섯의 나이로 생을 마감했어요.

세계를 정복한 몽골 군대의 힘, 기병

칭기즈 칸은 죽었지만 몽골 제국의 정복 전쟁을 계속되었어요. 몽골군은 가는 곳마다 승리했는데, 이것은 기병 중심의 군대가 적절한 무기와 전술을 활용한 덕분이었지요. 몽골족은 어려서부터 말을 타고 사냥을 해서 말을 잘 다루었고, 활 솜씨도 뛰어났어요. 이들의 화살은 짧지만 날아가는 거리가 길었고 꿰뚫는 힘도 강했지요.

말을 잘 다루고 활 솜씨가 뛰어났던 몽골의 기병

또 몽골의 기병은 한 명당 대여섯 마리의 말을 가지고 있었어요. 이들은 말을 갈아타며 빠르게 이동하여, 적이 예상하지 못한 때에 공격했지요. 빠른 말과 강한 활, 기습 공격은 몽골군이 승승장구하는 비결이었어요.

몽골 제국, 정복 전쟁을 계속하다

칭기즈 칸의 뒤를 이어 제2대 칸에 오른 사람은 그의 셋째 아들 오고타이였어요. 오고타이 칸은 아버지의 정복 사업을 계승해 군사들을 이끌었지요. 그는 1231년에 고려를 침략하기도 했어요. 당시 고려의 삼별초는

몽골 제국의 2대 칸인 오고타이 칸
(1185~1241년)

러시아의 도시를 공격하는 몽골군

몽골군에 맞서 끝까지 싸웠지만 끝내 패하고 말았지요.

오고타이 칸은 1234년에 금나라를 멸망시키고, 2년 뒤에는 대규모의 서방 원정군을 보내 동유럽까지 진출했어요. 그 뒤 몽골 제국은 러시아 동남부를 거쳐 헝가리까지 손에 넣었어요. 그러나 1241년에 오고타이 칸이 죽는 바람에 서유럽을 정복하는 일은 포기했지요.

몽골족, 원나라를 세워 중국을 지배하다

오고타이 칸이 죽은 뒤 몽골 제국에서는 왕위 계승을 둘러싼 싸움이 벌어졌어요. 그 결과, 몽골 제국은 오고타이 칸의 조카인 쿠빌라이 칸이 다스리는 원나라와 네 개의 한국(오고타이한국, 킵차크한국, 차가타이한국, 일한

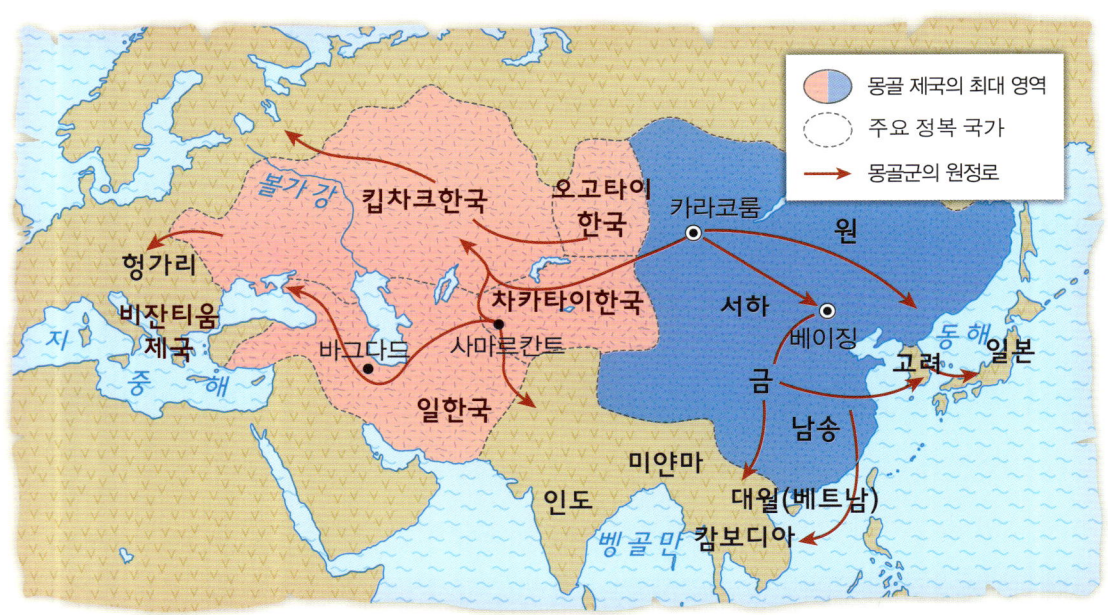

국)으로 나뉘었지요.

쿠빌라이 칸은 1271년에 원나라를 세우고 8년 뒤 남송을 멸망시켜 중국을 통일했어요. 그 뒤 베트남, 캄보디아, 미얀마까지 정벌하고 고려를 속국으로 만들었지요.

이어 쿠빌라이 칸은 1274년과 1281년, 두 차례에 걸쳐 일본을 공격했어요. 하지만 그의 일본 원정은 실패로 돌아갔지요. 고려까지 끌어들여 일본으로 쳐들어갔지만, 몽골군의 배들이 태풍을 만나 모두 침몰해 버렸기 때문이에요. 결국 그는 일본을 정복하지 못하고 1294년에 세상을 떠났어요.

동남아시아까지 정복한 쿠빌라이 칸 (1215～1294년)

몽골 제국, 동양과 서양의 교류를 촉진시키다

쿠빌라이 칸이 죽은 뒤 몽골 제국에서는 황제의 자리를 놓고 내분이 일어났어요. 이 일로 몽골족의 지배력이 약해지자 한족이 곳곳에서 반란을 일으켰지요. 그러던 중 주원장이 몽골족을 몰아내고 1368년에 명나라를 세웠어요. 결국 100여 년 동안 중국을 지배한 몽골족은 만리장성 너머로 쫓겨나게 되었지요.

몽골 제국은 오래 지속되지는 않았지만 동서양의 문화 교류에 큰 영향을 주었어요. 몽골 제국이 유럽과 아시아를 잇는 안전한 교통로를 마련한 덕분에 동서 무역이 활발해졌어요. 이 길을 따라 서양의 천문학, 지리학, 크리스트교 등이 동양에 들어왔고, 중국의 인쇄술, 종이, 화약, 나침반 같은 발명품들이 서양에 전해졌답니다.

중국 땅에서 몽골군을 쫓아내고 명나라를 세운 주원장(1328～1398년)

천 년 제국을 멸망시킨
오스만·비잔티움 전쟁

11세기 이후 이슬람의 지배자였던 셀주크 튀르크는 십자군 전쟁을 치르고 세력이 약해져 1300년대 초에 몽골 제국에 의해 멸망했어요. 셀주크 튀르크가 멸망한 뒤 튀르크족의 한 장군이 지금의 터키 지방에 왕조를 세웠어요. 이 나라가 바로 셀주크 튀르크의 뒤를 이어 이슬람 세계의 지배자가 된 오스만 제국이에요.

비잔티움 제국과 오스만 제국의 발전

로마 제국은 오스만 제국이 등장하기 훨씬 전부터 유럽을 기반으로 하여 대제국으로 번영했어요. 로마 제국의 콘스탄티누스 대제는 330년에 유럽과 아시아의 중간쯤에 위치한 비잔티움으로 수도를 옮겼어요. 그리고 자기 이름을 따서 콘스탄티노폴리스라고 불렀지요. 그런데 395년에 로마 제국이 동서로 갈라지면서 이곳은 동로마 제국의 수도가 되었어요. 동로마 제국을 비잔티움 제국이라고 부르는 것은 콘스탄티노폴리스의 옛 이름이 비잔티움이었기 때문이에요.

이탈리아 반도에 있던 서로마 제국은 476년에 게르만 족에 의해 멸

바다에 접하고 있던 콘스탄티노폴리스

망했지요. 하지만 비잔티움 제국은 옛 로마의 영광을 이어받아 천 년이 넘게 이어졌어요.

오스만 제국의 침입을 받은 비잔티움 제국

6세기 유스티니아누스 황제 때는 비잔티움 제국이 옛 로마의 영토를 되찾고 전성기를 누렸어요. 하지만 그 뒤 이슬람 세력에게 이집트와 서아시아의 땅을 빼앗겼지요. 11세기 이후에는 지방 귀족과 교회의 힘이 커지고 황제의 힘이 약해져서 나라가 어지러웠어요. 13세기에 들어서는 십자군 전쟁과 흑사병으로 나라 힘이 더욱 쇠퇴했지요. 그러자 14세기 초부터 오스만 제국이 비잔티움 제국의 땅을 조금씩 빼앗기 시작했고, 이후 150여 년 동안 계속해서 비잔티움 제국을 공격했어요.

메흐메트 2세에게 함락된 콘스탄티노폴리스

비잔티움 제국은 상업이 발달해서 많은 부를 쌓았지만 군사력이 강하지 않아 오스만 제국에 땅을 모두 빼앗기고 말았어요. 남은 건 수도인 콘스탄티노폴리스 뿐이었지요.

콘스탄티노폴리스는 오랜 시간 동안 적의 공격을 막아낸 튼튼한 성이었어요. 이민족들은 그 두꺼운 성벽 앞에 번번이 정복을 포기했지요. 그런데 1453년, 오스만 제국의 메흐메트 2세가 10만여 명의 대군을 이끌고 와 콘스탄티노폴리스를 포위하고 공격을 퍼부었어요. 하지만 성은 쉽게 함락되지 않았지요. 시간이 흐르자 콘스탄티노폴리스에는 식량이 바닥났고, 사기가 떨어져 도망치는 사람들이 생겼어요. 결국 콘스탄티노폴리스는 두 달 만에 오스만 제국에 점령당하고 말았답니다.

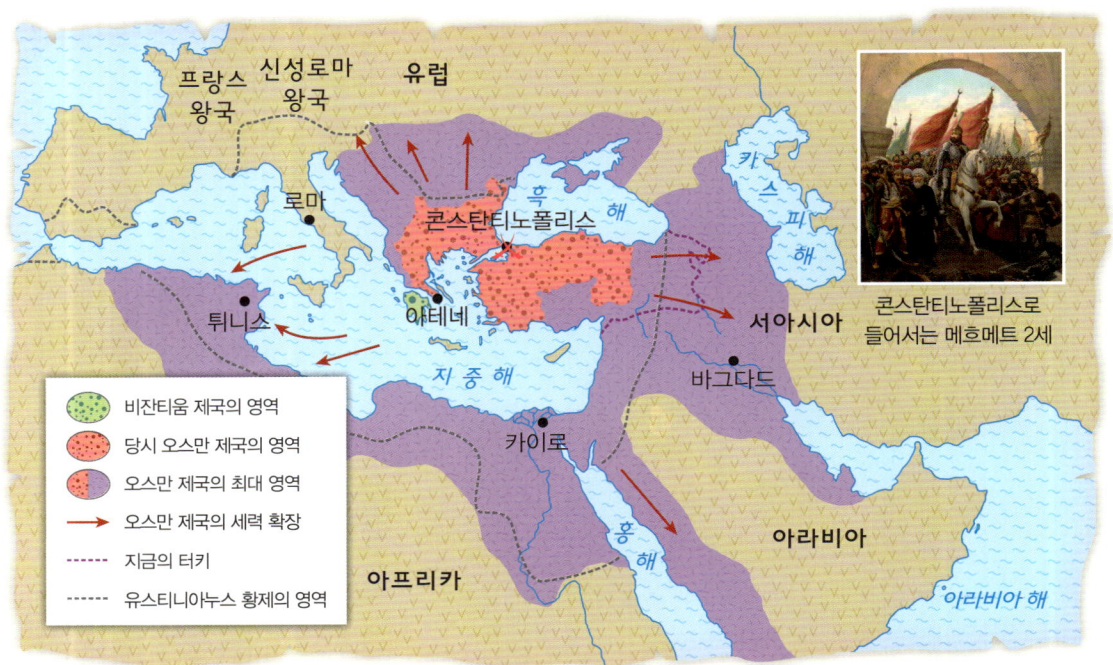

콘스탄티노폴리스로 들어서는 메흐메트 2세

오스만 제국, 비잔티움 제국을 멸망시키다

비잔티움 제국의 마지막 황제인 콘스탄티누스 11세는 오스만 제국의 군대와 싸우다가 장렬하게 죽음을 맞았어요. 메흐메트 2세는 콘스탄티노폴리스를 수도로 삼고 이스탄불로 이름을 바꾸었지요. 그는 정복자였지만 비잔티움 제국의 사람들을 관대하게 다스렸어요. 크리스트교도라도 세금을 내면 종교를 바꾸지 않아도 된다고 했지요. 이런 정책 덕분에 이스탄불은 크리스트교 문화와 이슬람 문화가 어우러진 도시로 발전했답니다.

오스만 제국은 16세기에 들어 술레이만 1세 때 전성기를 맞았어요. 그는 아시아, 아프리카, 유럽 등 세 대륙에 걸친 대제국을 건설했지요.

흥미진진 전쟁 상식!

대포가 기사 계급을 몰락시켰다고요?

오스만 제국의 무기 중에는 길이가 8미터가 넘는 커다란 대포가 있었어요. 이 대포는 무게도 600킬로그램이나 나가서 황소 60마리가 끌어야 했지요. 대포 앞에서는 높고 튼튼한 성벽도, 갑옷을 입은 기사들도 힘을 발휘하지 못했어요. 이렇게 화약과 대포가 발전하자 기사 계급은 점점 전쟁에서 큰 역할을 하지 못하다가 결국 완전히 몰락하게 되었습니다.

15세기 오스만 제국의 대포

전쟁으로 보는 세계사

중세부터 근세까지 일어난 전쟁들

유럽의 나라들은 새로운 바닷길을 개척하여 전 세계로 뻗어 가기 시작했어요.
유럽 사람들은 전에 알지 못했던 땅으로 가서
그곳을 정복하여 식민지를 세우기 위해 싸웠지요.
또 유럽 여러 왕가들은 서로 세력을 넓히기 위해
오랫동안 전쟁을 벌이기도 했답니다.
이 시대에는 어떤 나라들이 무슨 이유로
싸우게 되었는지 알아보아요.

| 1337～1453년 | ① | **영토를 두고 100년 넘게 싸우다, 백 년 전쟁**
영국(잉글랜드) vs. 프랑스 |

- 1492년 — 콜럼버스, 아메리카 항로 개척
- 1498년 — 바스쿠 다 가마, 인도 항로 개척
- 1517년 — 마르틴 루터의 종교 개혁
- 1519년 — 마젤란, 세계 일주
- 1526년 — 인도, 무굴 제국 성립

| 1532～1533년 | ② | **아메리카를 대표하는 제국을 몰락시킨, 에스파냐와 잉카 제국의 전쟁**
에스파냐 vs. 잉카 제국 |

- 1536년 — 칼뱅의 종교 개혁

| 1585～1604년 | ③ | **엘리자베스 1세의 시대를 연, 영국·에스파냐 전쟁**
영국(잉글랜드) vs. 에스파냐 |

- 1600년 — 영국, 동인도 회사 설립

| 1618～1648년 | ④ | **유럽 최대의 종교 전쟁, 30년 전쟁**
신성 로마 제국 등 가톨릭 세력 vs. 보헤미아 등 반 가톨릭 연합 |

| 1642～1649년 | ⑤ | **왕이 처형되고 공화정이 선포되다, 청교도 혁명**
영국 왕당파 vs. 영국 의회파 |

- 1644년 — 명 멸망, 청의 중국 통일
- 1701년 — 프로이센 왕국 성립

| 1775～1783년 | ⑥ | **과중한 세금 정책이 불러온, 미국 독립 전쟁**
영국 vs. 미국 13주 |

영토를 두고 100년 넘게 싸우다
백 년 전쟁

중세에서 근세로 넘어가는 사이, 유럽의 두 강대국, 영국(잉글랜드)과 프랑스는 100년 넘게 전쟁을 벌였어요. 당시 유럽에는 플랑드르라는 지방이 있었는데, 이 땅은 프랑스 영토 안에 있었지만 영국의 지배를 받고 있었어요.

영국과 프랑스, 왕위 계승 문제로 충돌하다

플랑드르는 지금의 벨기에, 프랑스, 네덜란드에 걸쳐 있는 지역으로 양털로 옷을 만드는 양모 산업으로 유명했어요. 유럽 최대의 포도주 산지이기도 했지요. 이곳은 경제적으로는 영국, 정치적으로는 프랑스의 지배를 받고 있었어요. 영국은 많은 돈을 벌게 해 주는 플랑드르 지방을 애지중지했어요. 한편, 프랑스는 언제나 이곳에 눈독을 들이고 있었어요. 이 문제로 영국과 프랑스는 사이가 좋지 않았지요.

1328년, 프랑스 국왕인 샤를 4세가 자손 없이 세상을 떠나고, 사촌 동생인 필리프 6세가 뒤를 잇게 되었어요. 그런데 영국의 왕인 에드워드 3세가 자신이 프랑스 왕이 돼야 한다고 나섰어요. 자기 어머니가 샤를 4세의 누나라는 게 그 이유였어요.

에드워드 3세(1312~1377년)

영국, 크레시 전투에서 크게 승리하다

프랑스 의회는 에드워드 3세를 무시하고 필리프 6세를 프랑스 왕으로 인정했어요. 왕위에 오른 필리프 6세는 1337년, 프랑스 영토 안에 있는 영국 땅을 빼앗고 플랑드르를 공격했어요. 그러자 에드워드 3세는 프랑스에 전쟁을 선포했지요. 이렇게 해서 백 년 전쟁이 시작되었어요.

영국군은 프랑스에 상륙한 뒤 1346년에 크레시라는 지역에서 프랑스군과 싸움을 벌였어요. 영국군은 프랑스군보다 적었지만 대포와 멀리까지 쏠 수 있는 커다란 활 덕분에 승리를 거뒀어요.

크레시 전투에서 맞붙은 영국군과 프랑스군

영국의 헨리 5세, 프랑스 왕위 계승권을 얻다

프랑스는 3년 뒤 칼레에서 벌어진 전투에서도 져서 그 지역을 영국에 빼앗겼어요. 그런데 이때 온 유럽에 흑사병이 퍼지는 바람에 전쟁이 중단되었지요. 흑사병은 쥐벼룩이 옮기는 전염병으로, 당시 유럽 인구의 약 3분의 1을 죽음에 이르게 했어요.

흑사병이 물러간 뒤 영국과 프랑스의 싸움은 계속되었어요. 그동안 두 나라의 살림은 나빠질 대로 나빠졌고 반란까지 일어났지요. 이렇게 되자 두 나라는 한동안 또 전쟁을 멈추었답니다.

> 흑사병으로 유럽 인구의 3분의 1이 죽었다고? 정말 무시무시하다.

프랑스의 마지막 보루로 남은 오를레앙

1415년, 영국과 프랑스가 다시 싸우기 시작했을 때 프랑스의 귀족들은 부르고뉴파와 아르마냐크파로 나뉘어 싸우고 있었어요.

흑사병 환자들의 회복을 기원하는 성직자

당시 영국 왕이었던 헨리 5세는 부르고뉴파와 손잡고 프랑스를 공격했지요. 그는 1420년에 프랑스군을 이기고 트루아 조약을 맺어, 프랑스 왕위를 물려받는 권리를 얻었어요.

2년 뒤, 헨리 5세와 당시 프랑스 왕이었던 샤를 6세가 세상을 떠났어요. 영국의 왕이 된 헨리 6세는 트루아 조약에 따라 프랑스의 왕이 되겠다고 했지요. 하지만 샤를 6세의 아들 샤를 7세는 아르마냐크파의 지지를 얻어 트루아 조약을 무효라고 선언했어요.

그러자 프랑스 북부를 점령하고 있던 영국은 샤를 7세가 지배하던 프랑스 남부를 공격해서 프랑스 땅 대부분을 차지했어요. 샤를 7세는 파리에서 오를레앙으로 도망쳤지요. 영국군은 이제 오를레앙을 손에 넣으려 했어요.

샤를 7세(1403～1461년)

헨리 6세(1421～1471년)

잔 다르크의 활약과 백 년 전쟁의 결과

프랑스가 이렇게 큰 위기에 처했을 때 나라를 구할 영웅이 나타났어요. 바로 열일곱 살 소녀 잔 다르크였지요. 1429년, 그녀는 '프랑스를 구하라.'는 신의 목소리를 듣고 샤를 왕자를 찾아가 군대를 요청했어요.

프랑스군은 잔 다르크가 용감하게 나서는 모습을 보고 용기를 되찾아 영국군을 무찌르고 오를레앙을 구했지요. 그 덕분에 샤를 왕자는 정식으로 프랑스 왕위에 오를 수 있었어요. 그런데 안타깝게도 잔 다르크는 1430년 5월에 부르고뉴파 군사에게 사로잡혀 영국군에게 넘겨졌답니다. 그리고 재판에서 마녀라는 누명을 쓰고 화형당하고 말았어요.

농부의 딸로 태어나 프랑스군을 이끈 잔 다르크(1412~1431년)

그 뒤 1450년, 프랑스는 노르망디에서 영국과 전투를 벌여 승리했어요. 3년 후에는 영국이 점령하던 지역을 대부분 되찾았지요. 1453년, 영국은 프랑스 북부 지방의 도시 칼레를 제외한 프랑스 영토에서 물러났어요. 이렇게 백 년 전쟁은 막을 내렸지요.

프랑스는 백 년 전쟁을 치르는 동안 왕을 중심으로 귀족들이 힘을 뭉쳐 왕권이 강해졌어요. 영국도 백 년 전쟁과 이어 일어난 장미 전쟁을 통해 강력한 왕권을 가지게 되었지요. 또 영국과 프랑스의 국민들이 조국에 대한 높은 자부심을 갖게 되어 두 나라의 민족 의식이 성장하게 되었답니다.

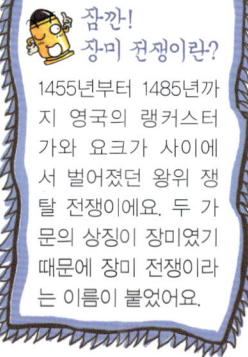

잠깐! 장미 전쟁이란?
1455년부터 1485년까지 영국의 랭커스터가와 요크가 사이에서 벌어졌던 왕위 쟁탈 전쟁이에요. 두 가문의 상징이 장미였기 때문에 장미 전쟁이라는 이름이 붙었어요.

아메리카를 대표하는 제국을 몰락시킨
에스파냐와 잉카 제국의 전쟁

1492년, 에스파냐의 탐험가 콜럼버스는 아메리카라는 새로운 대륙을 발견했어요. 유럽 강대국들의 입장에서는 아메리카 대륙이 새로운 땅이었지만 이곳에는 오래전부터 발달된 문명을 자랑하는 제국들이 존재하고 있었어요. 그중 하나가 지금의 남아메리카 페루와 볼리비아에 걸친 광대한 지역을 지배한 잉카 제국이지요. 1532년, 잉카 제국은 에스파냐에서 온 피사로 일행을 맞아들이면서 뜻하지 않은 위기에 빠졌어요.

잠깐! 에스파냐의 아스테카 제국 정복

아스테카 제국은 오늘날 멕시코 지역에 있었어요. 에스파냐의 정복자 코르테스는 1521년에 수학, 건축 등이 뛰어났던 아스테카 제국을 멸망시켰지요. 이후 에스파냐는 300년간 이 지역을 다스렸어요.

에스파냐, 잉카 제국 정복을 위한 계획을 세우다

에스파냐는 16세기 당시 20만 명의 군대를 가지고 있는 유럽의 강대국이었어요. 에스파냐는 1521년, 아스테카 제국을 멸망시킨 것에 이어, 1531년에는 피사로를 대장으로 하는 원정대를 남아메리카에 파견했어요. 피사로의 원정대는 보병과 기병을 모두 합쳐 180여 명, 대포 한 대와 말 30여 마리로 구성되어 있었어요. 피사로는 인구가 6백만 명에 이르는 잉카 제국과 정면으로 전쟁을 벌일 수는 없다고 생각했어요. 그래서 전략을 세웠지요.

아스테카 제국을 침략하는 코르테스

황금의 나라, 잉카 제국

잉카 제국을 이룩한 사람들은 기원전 1000년 경 안데스 산맥 중부 지대에 살던 케추아족의 일파예요. 작은 산악 부족이던 이들은 15세기 초 파차쿠티 황제가 등장하면서부터 전성기를 맞았어요.

잉카의 9대 황제인 파차쿠티는 잉카를 제국으로 성장시켰고, 그의 아들 코파에 이르러서는 남북으로 4,000킬로미터, 동서로 320킬로미터에 이르는 광대한 제국을 이룩했어요. 잉카인들은 제국 안에 오늘날의 고속도로와 같은 길을 닦았고, 우체국을 두었으며, 역참(관리나 여행자에게 말과 쉴 곳을 제공하던 곳) 제도와 같은 통신 조직도 갖추고 있었어요. 또한 발달된 관료 체계를 갖추고 있었지요. 모든 토지는 국가 소유였고 평민은 1년 중 9개월을 국가를 위하여 봉사하였으나, 흉년이 들거나, 늙고 병들면 국가의 보호를 받았어요. 수도인 쿠스코에는 태양신을 모시는 거대한 신전이 있었고 태양신을 경배하는 화려한 축제가 열렸지요.

피사로
(1475 ~ 1541년)

피사로, 잉카 황제 접견을 요청하다

피사로가 도착했을 당시, 잉카는 막 내란이 끝나 정국이 불안한 터였어요. 피사로는 에스파냐 국왕의 사절단이라고 하면서 잉카의 황제 아타우알파에게 회담을 요청했어요. 말을 한 번도 본 적이 없었던 잉카 사람들은 꼬리가 긴 이상한 동물을 데리고 나타난 에스파냐 원정대를 신기하게 생각하며 회담을 받아들였어요. 피사로는 대포에 포를 장착하고 황제가 나타나기를 기다렸어요.

아타우알파 황제는 3,000~4,000명의 호위를 받으며 카

아타우알파
(1502년경 ~ 1533년)

하마르카 광장으로 위풍당당하게 들어왔어요. 황제는 호신용 새총과 작은 곤봉만 들고 있었지요.

아타우알파 황제, 피사로의 인질이 되다

피사로는 일부러 성직자를 시켜 황제에게 성경책을 내밀고 그에게 크리스트교로 개종할 것을 권유했어요. 아타우알파 황제는 성경의 글이 무엇을 의미하는지 몰랐기 때문에 성경책을 바닥에 내던졌지요. 피사로는 이 일을 꼬투리 잡아 즉시 대포 발사 명령을 내리고, 기병들로 하여금 말을 몰고 잉카 진영으로 공격해 들어가도록 했어요. 대포나 총을 한 번도 본 적이 없는 잉카 제국 병사들은 우왕좌왕했고, 이 틈에 피사로는 황제

피사로에게 사로잡히는 아타우알파

를 생포했어요. 그리고 큰 방을 금으로 가득 채워 주면 아타우알파 황제를 풀어 주겠다고 했지요. 잉카인들은 황제를 구하기 위해 황금 200상자, 은 20상자, 보석 60상자를 모았어요.

잉카 제국, 멸망하다

피사로는 황제를 풀어 주겠다는 약속을 지키지 않고, 교수형에 처해 버렸어요. 이를 본 잉카인들은 분노하여 힘을 다해 에스파냐 원정대와 전투를 벌였지요. 그러나 철제 무기조차 없던 잉카인들이 서양식 대포와 총을 당할 수는 없었어요. 결국 피사로는 잉카 제국의 수도인 쿠스코를 점령하고, 꼭두각시 새 황제를 앉혔어요.

잉카인들은 그 후에도 에스파냐 군대에 맞서 저항을 계속했어요. 잉카인들이 세운 고대 도시 중에 해발 2,430m지점에 세워진 마추픽추가 있어요. 마추픽추에는 돌로 된 거대한 신전, 의식을 지내던 제단, 집과 밭 등이 있어 잉카인들의 생활을 엿볼 수 있지요. 어떤 학자들은 이 마추픽추가 잉카인들이 에스파냐에 항거하기 위해 건설한 도시라고 주장하기도 해요.

한편 잉카 제국의 멸망에는 천연두, 홍역, 티푸스 등의 전염병도 영향을 미쳤어요. 무섭게 퍼진 전염병은 잉카인 수백만 명을 죽음에 이르게 했지요. 결국 황금의 나라 잉카 제국은 에스파냐인의 침략과 전염병으로 인해 역사에서 사라지게 되었어요.

'공중의 도시'라 불리는 마추픽추의 유적

백두산 천지보다 더 높은 곳에 도시를 건설하다니, 대단해!

엘리자베스 1세의 시대를 연
영국·에스파냐 전쟁

16세기 유럽의 절대 군주들은 강한 해군을 키워 식민지를 늘리기 위한 전쟁을 벌였어요. 그 선두에서 경쟁을 벌인 두 나라가 에스파냐와 영국이에요. 영국이 에스파냐 식민지였던 네덜란드 독립을 지원하자, 에스파냐와 영국 사이에는 숨 막히는 일대 격전이 벌어졌어요.

유럽에서 가장 먼저 절대 왕정을 이룩한 에스파냐

유럽에서 가장 먼저 절대 군주로 이름을 떨친 사람은 에스파냐의 펠리페 2세예요. 당시 에스파냐는 남아메리카에 본국의 몇 배가 되는 거대한 식민지를 가지고 있었어요. 그리고 식민지에서 거둔 막대한 양의 자원을 바탕으로 유럽 최강국이 되었지요. 펠리페 2세가 거느린 해군은 1571년, 이슬람 국가인 오스만 제국을 크게 이긴 레판토 해전에서 맹활약을 한 이후, '무적함대'라고 불렸어요.

펠리페 2세 (1527~1598년)

바다에 에스파냐 무적함대가 나타나면 모두 두려움에 떨었대!

16세기 에스파냐의 전함

엘리자베스 1세, 영국을 강대국 대열에 올려놓다

에스파냐에 이어 절대 왕권을 휘두른 군주가 영국의 엘리자베스 1세예요. 한때 그녀는 언니인 메리 1세에 의해 런던 탑에 갇혀 목숨이 위태로울 때도 있었어요. 그러나 메리 1세가 죽은 뒤 영국 여왕 자리에 올라, 영국을 유럽 강대국 대열에 올려놓았지요.

통찰력과 외교 감각이 탁월했던 엘리자베스 1세는 에스파냐의 식민지인 네덜란드가 에스파냐에 반기를 들자, 적극적으로 네덜란드를 지원하여 에스파냐의 힘을 약화시키려 했어요. 또 드레이크를 비롯한 영국 해적들이 카리브해의 에스파냐 선박들을 공격할 때 모른 척하여 에스파냐가 큰 경제적 손실을 입게 했어요.

엘리자베스 1세(1533~1603년)

펠리페 2세, 무적함대에게 영국 침공을 명하다

펠리페 2세는 영국의 이런 외교 정책이 매우 못마땅했어요. 그래서 천하무적으로 자신하던 무적함대를 보내 영국을 침공할 계획을 세웠지요. 2년 동안 철저히 전쟁을 준비한 에스파냐의 군대는 1588년 5월 28일, 전함 130여 척, 해군 수병 8,000명, 육군 1만 9,000명의 병력을 싣고 리스본 항구를 출발했어요.

이에 맞서 영국의 엘리자베스 1세는 하워드를 사령관으로, 전설적인 해적 활동으로 유명한 드레이크와 호킨스를 지휘관으로 내세웠어요. 영국군은 전함 80척과 8,000명의 군대로 무적함대에 맞섰어요.

프로테스탄트의 바람이 영국에게 승리를 안겨 주다

영국 함대는 에스파냐 해군에 비해 적은 수였지만, 기동력이 뛰어났어요. 선원들은 잘 훈련되어 있었지요. 오랜 해적 활동으로 항해 경험이 풍부했던 드레이크는 배를 능란하게 조종했어요. 그는 배가 앞으로 나아가는 데 도움을 주는 남서풍을 등지고 싸울 수 있도록 유리한 위치를 확보했어요. 또 장거리포를 이용하여 무적함대에 집중적으로 포를 발사했지요. 반면 무적함대는 무섭게 불어오는 바닷바람을 안고 영국과 힘겨운 싸움을 해야 했어요. 에스파냐 해병들은 영국에게 일방적으로 유리하게 부는 바람을 '프로테스탄트의 바람(신교의 바람)'이라고 부르며 좌절했지요. 프로테스탄트(신교)는 영국을 뜻해요. 에스파냐가 가톨릭

드레이크(1540 ~ 1596년)

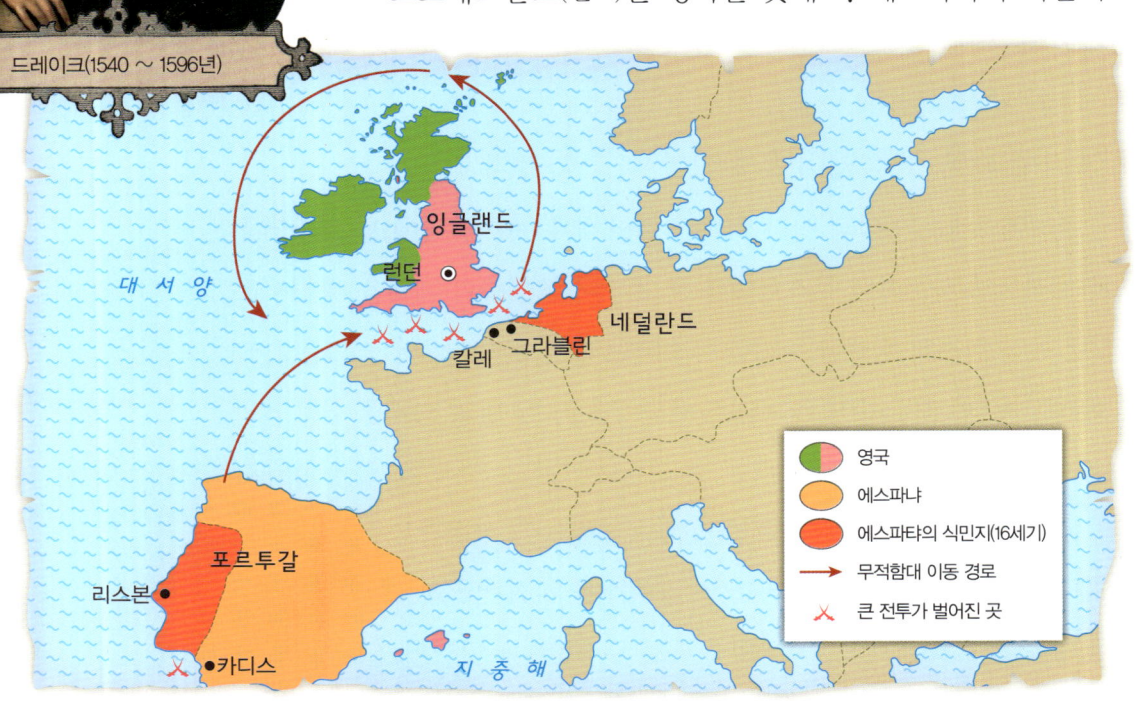

구교를 믿었던 것에 비해 영국은 신교를 믿었기 때문에 붙인 이름이지요.

게다가 무적함대는 배의 몸체가 너무 커서 빠르게 나아갈 수 없었어요. 영국은 불로 공격하는 화공 작전으로 무적함대를 궁지로 몰아넣었고, 무적함대 중에서 본국으로 돌아간 배는 절반도 되지 않았어요.

이후 영국은 최고의 전성기인 엘리자베스 1세 시대를 열어, 해상권을 장악하고 유럽 최강국으로 우뚝 섰어요. 에스파냐도 영국에 패배한 것을 교훈 삼아 해군을 효율적으로 개편하여 소규모의 강한 해군으로 정비했지요.

16세기 영국의 전함

영국의 대포 공격이 무적함대를 무너뜨렸구나!

칼레 앞바다에서 불길에 휩싸인 에스파냐의 무적함대

영국, 유럽의 최강자 자리에 서다

그 후에도 에스파냐와 영국은 계속 싸웠어요. 하지만 크고 작은 전투를 치러도 전쟁은 좀처럼 결판이 나지 않았어요. 결국 1604년, 두 나라는 런던에서 조약을 맺고 전쟁을 끝맺었어요. 그 사이 영국의 왕은 제임스 1세로, 에스파냐의 왕은 펠리페 3세로 바뀌어 있었지요.

전쟁을 시작할 때 영국은 에스파냐에 비해 힘이 약한 나라였어요. 하지만 전쟁 이후에는 유럽에서 가장 힘센 나라의 자리에 올라섰지요. 그리고 대서양의 해상권을 쥐고 세계로 뻗어나가 수많은 식민지를 세웠답니다.

유럽 최대의 종교 전쟁
30년 전쟁

1517년 유럽에서는 독일의 신학 교수인 마르틴 루터에 의해 종교 개혁이 일어났어요. 이후 그를 지지하는 신교파가 생겨나면서, 가톨릭을 믿는 구교파와 갈등이 깊어졌지요. 그중 30년 전쟁은 신교파가 구교를 강요하는 신성 로마 제국에 반기를 들면서 일어난 종교 전쟁으로, 30년 동안 계속되었어요.

마르틴 루터, 로마 교황청에 도전장을 내다

로마 교황인 레오 10세는 산 피에트로(성 베드로) 대성당을 보수 공사하는 비용을 마련하기 위해 면벌부(면죄부)를 팔게 했어요. 면벌부는 교회에 돈이나 재물을 바친 사람에게 그 죄를 면한다는 뜻으로 발행하던 증서예요. 당시 교회는 부정부패가 심했어요. 교황도 사치를 일삼아 무려 65가지 코스로 이루어진 저녁 식사를 할 정도였지요. 또 성직을 매매할 뿐 아니라, 돈을 벌기 위해 교회 의식에 쓰이는 신성한 물건을 팔기도 했어요.

독일에서 면벌부 판매를 맡은 신부는 '땡그랑!' 하고 면벌부를 구입한 돈이 통에 떨어지는 순간, 죽은 자의 영혼이 지옥 불에서 뛰어나온다고 설교했어요. 성직자였던 마르틴 루터는 이와 같은 거짓말을 용납할 수 없었어요. 그는 비텐베르크 교회 문에 '95개조 반박문'을 붙여 종교 개혁에 불을 붙였어요.

루터는 95개조 반박문에서 "**구원은 오직 신앙, 은총, 말씀**

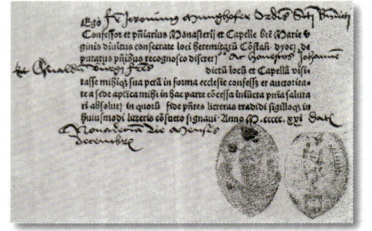

16세기 가톨릭 교회의 면벌부

에 의해 이루어진다."고 주장하면서 세상에서 최고로 부자인 교황은 왜 자신의 돈으로 대성당을 짓지 않고, 가난한 신자들의 돈으로 공사를 진행하느냐고 비판했지요. 루터는 반박문의 36조에서 "진실로 회개한 크리스트교도는 면벌부가 없어도 징벌이나 죄에서 완전히 해방된다."라고 하여 농민을 비롯한 신자들의 열렬한 지지를 얻었어요.

루터를 지지하는 신교와 구교 간에 갈등이 깊어지다

로마 교황청의 착취에 고통 받던 독일 농민들과 독일을 통치하는 신성 로마 제국 황제에게 불만이 많았던 독일의 일부 제후들은 루터를 열렬히 지지했어요. 이후 루터를 지지하는 신교파와 로마 교황청을 지지하는 구교파는 대립을 거듭하다가, 결국 전쟁을 하게 되었어요. 독일 전역이 동요하게 되자 신성 로마 제국 황제인 카를 5세는 1555년 아우크스부르크에서 제국 회의를 소집하여 '제후의 신앙에 따라 제후가 다스리는 지역의 신앙이 결정된다.'고 선언했어요. 이로써 루터파의 자유가 허용되었지요.

마르틴 루터 (1483~1546년)와 그가 발표한 95개 조의 반박문

30년 전쟁이 시작되다

17세기 초, 신교와 구교 간의 갈등이 다시 깊어졌어요. 신성 로마 제국과 교황이 신교를 믿는 도시를 강제로 가톨릭을 믿는 제후의 통치 지역으로 편입시켜 버렸기 때문이에요. 여기에 저항하여 신교를 믿는 팔츠의 선제후를 중심으로 신교파 연합이 구성되었어요. 그러자 구교 제후들도

> **잠깐! 선제후는 누구일까?**
> 선제후는 신성 로마 제국에서 독일 황제를 뽑는 권한을 가진 사람들을 말해요. 왕이나 황제 다음으로 높은 권한을 가지고 있었지요.

바이에른을 중심으로 가톨릭 연맹을 결성했지요.

그런데 1618년, 30년 전쟁이 일어나는 결정적인 사건이 있었어요. 구교를 믿는 보헤미아의 왕이자, 신성 로마 제국의 황제인 페르디난트 2세가 신교의 종교 자유를 보장했던 칙령을 취소해 버린 거예요. 그러자 보헤미아 의회는 그를 왕의 자리에서 내리고, 팔츠의 선제후인 프리드리히 5세를 왕으로 세웠지요. 이것을 계기로 30년 전쟁이 시작되었어요.

유럽의 여러 나라가 참여하여 국제전으로 발전하다

30년 전쟁은 독일 역사에서 잊을 수 없는 비극적인 전쟁이었어요. 전쟁이 계속되는 동안 독일의 민중들은 가족을 잃고 헐벗고 굶주렸으며,

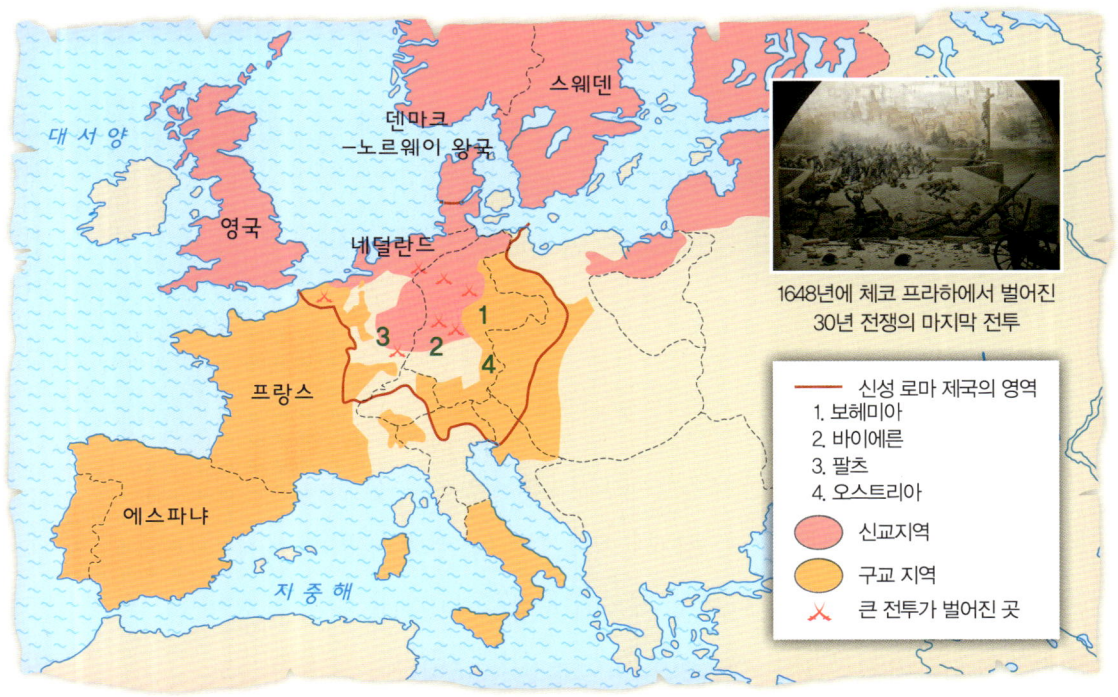

1648년에 체코 프라하에서 벌어진 30년 전쟁의 마지막 전투

— 신성 로마 제국의 영역
1. 보헤미아
2. 바이에른
3. 팔츠
4. 오스트리아
● 신교 지역
● 구교 지역
✕ 큰 전투가 벌어진 곳

나라 전체가 황폐해졌어요. 800만여 명은 다치거나 목숨을 잃었지요. 어린이와 여성들은 오갈 곳 없는 신세로 전락하였고, 길에는 다친 사람, 부랑자가 넘쳤어요.

이렇게 전쟁이 오랫동안 이어진 것은 여러 나라들이 개입하여 국제 전쟁이 되었기 때문이에요. 신교가 패배하면, 신교를 믿는 덴마크와 네덜란드, 노르웨이, 스웨덴이 신교 편에 서서 구교를 공격하였고, 구교가 패배하면, 구교를 믿는 에스파냐와 오스트리아가 구교 편에 서서 신교를 공격했어요. 프랑스는 구교를 믿는 국가였지만, 에스파냐와 오스트리아와 사이가 좋지 않았기 때문에 신교 편으로 참전했지요.

30년 전쟁으로 유럽의 역사가 바뀌다

30년 전쟁은 1648년, 베스트팔렌 조약을 맺으며 신교의 승리로 끝났어요. 이 조약으로 네덜란드는 에스파냐로부터 완전히 독립했고, 독일을 지배하던 신성 로마 제국의 황제는 명예만 남게 되었지요. 스웨덴이 강대국으로 떠오른 반면, 에스파냐는 쇠퇴의 길을 걷게 되었어요. 그리고 독일의 지방 국가들이 독립하면서 종교의 자유가 보장되었어요. 이 과정에서 루터와 함께 신교를 대표하는 개혁가인 스위스의 종교 개혁가 칼뱅의 교리를 믿는 칼뱅파도 종교의 자유를 얻게 되었어요.

베스트달렌 조약을 체결하는 모습

왕이 처형되고 공화정이 선포되다
청교도 혁명

엘리자베스 1세는 평생 결혼하지 않고 후계자를 남기지 않고 죽었어요. 그러자 영국을 이끌어 왔던 튜더 왕조는 맥이 끊기게 되었지요. 고심하던 영국은 스코틀랜드의 왕 제임스 6세를 왕위에 올렸어요. 그의 어머니 메리 스튜어트 여왕이 영국 헨리 7세의 자손이었기 때문이에요. 제임스 6세는 제임스 1세라는 이름으로 영국의 왕이 되었어요. 이렇게 영국에는 튜더 왕조와 스코틀랜드 왕조를 합친 스튜어트 왕조가 탄생했지요.

젠트리들이 영국 의회의 다수를 차지하다

제임스 1세는 왕권은 신이 준 것이라는 왕권 신수설을 믿어 청교도가 장악하고 있는 영국 의회와 대립했어요. 그리고 제임스 1세의 아들로 왕위에 오른 찰스 1세는 영국 국왕을 수장으로 하는 국교회를 강화하고, 칼뱅의 교리를 믿는 사람들인 청교도를 탄압했어요.

당시 영국 의회에는 '젠트리'라고 부르는 신흥 상공업자와 자영농들이 대거 진출하고 있었는데, 이들 대부분은 청교도로, 칼뱅의 교리에 따라 근면과 금욕, 절약과 검소함을 실천하며 사는 사람들이었어요.

엘리자베스 1세 이후
왕위에 오른 제임스 1세
(1566 ~ 1625년)

찰스 1세와 의회가 대립하다

찰스 1세는 영국과 에스파냐가 전쟁을 하

제임스 1세의 아들
찰스 1세(1600 ~ 1649년)

는 과정에서 막대한 전쟁 비용을 부담하게 되자, 의회의 동의 없이 세금을 거두었어요. 당시 하원의 70퍼센트를 장악하고 있던 청교도 의원들은 이것을 맹렬히 비판했지요. 찰스 1세는 그들을 체포 영장 없이 체포해 버렸어요. 그러자 의회는 1628년, 의회의 동의 없이는 어떠한 세금을 거둘 수도 없고, 빚을 질 수도 없으며, 법에 의하지 않고는 누구도 체포할 수 없다는 내용이 들어있는 권리 청원을 제출하였어요. 찰스 1세는 내키지 않았으나 세금을 더 걷기 위해서는 의회의 협조가 필요했기에 마지못해 승인했지요. 하지만 찰스 1세는 이후 10년이 넘도록 의회를 전혀 소집하지 않았어요.

영국 의회가 찰스 1세에게 제출한 권리 청원

1640년, 찰스 1세는 장로교를 믿는 스코틀랜드에 영국 국교인 성공회를 강요하다가 스코틀랜드와 전쟁을 벌이게 되었어요. 찰스 1세는 그제서야 10년 이상 열리지 않던 의회를 소집했어요. 전쟁 자금에 대한 동의를 얻기 위해서였지요. 그러나 왕의 요구에 대한 의원들이 반응은 냉담하기 그지없었어요.

찰스 1세, 의회를 강제로 해산시키다

의회는 전쟁 자금을 지원할 생각이 없었어요. 오히려 왕이 저지른 죄를 200여 개 조항으로 나열하며 비판했지요. 그동안 찰스 1세는 의회의 동의 없이 부당한 세금을 부과해 왔어요. 대표적인 것이 파운드세와 톤세, 선박세를 불법으로 거둔 것이에요. 파운드세는 모든 수출입 상품에 붙이는 세금이었고, 톤세는 수입하는 포도주 한 통 당 내는 세금이에요. 또 선박세는 원래 항구 도시의 해안 경비를 목적으로 거두던 것인데 찰스 1

찰스 1세 시대의 잉글랜드 의회 모습

세는 일방적으로 전 국민에게 납부하게 하였어요. 그뿐 아니라 청교도인들의 자유 집회를 무조건 금지시키기도 했지요.

의원들이 이 모든 것에 대한 책임을 묻자 화가 난 찰스 1세는 18일 만에 의회를 해산시켜 버렸어요. 그리고 자신을 지지하는 왕당파들의 도움을 받아 무리하게 스코틀랜드와 전쟁을 벌였지요. 결국 영국은 패배하고 말았어요. 의회파는 1만 명이 서명한 의회 소집 청원서를 제출하면서 국왕을 압박하고, 전국을 순회하며 찰스 1세를 맹비판했어요.

의회군이 큰 승리를 거둔 1645년의 네이즈비 전투

청교도 혁명이 일어나고, 찰스 1세가 처형되다

찰스 1세는 앞장서서 자신을 비판한 의원 5명을 체포하려 했어요. 의회파는 이에 반발하며 혁명을 일으켰지요.

의회파 군대는 크롬웰의 지휘를 받고 있었어요. 그는 강직한 성품의 청교도였어요. 철기군이라 불렸던 크롬웰 군대는 전쟁에 임하기 직전, 기도를 올리고 용감하게 적진으로 들어갔어요. 크롬웰은 부하들을 진심으로 위해 주고 따뜻하게 대해 주어 존경을 한 몸에 받았지요. 이런 훌륭한 지도자 덕에 전쟁은 의회파의 승리로 돌아갔어요.

찰스 1세는 스코틀랜드로 도주했으나, 스코틀랜드는 40만 파운드를 받고 찰스 1세를 크롬웰에게 넘겨주었어요. 1649년 1월 30일, 찰스 1세는 시민들 앞에서 공개 처형되었고, 영국에는 공화정이 선포되었어요. 이 전쟁을 '청교도 혁명'이라고 합니다.

청교도 혁명 뒤 나라를 안정시킨 크롬웰은 1653년에 스스로 호국경(혁명 정부에서 최고의 권력을 가진 지위)이 되었어요. 크롬웰은 청교도 정신에 따라 매우 엄격한 정치를 폈어요. 그러나 이 점은 오히려 영국 국민들의 불만을 샀지요. 크롬웰이 죽자 영국 국민들은 다시 국왕을 추대하는 '왕정복고'를 추진했어요. 그 결과 찰스 2세가 왕위에 올랐습니다.

청교도 혁명을 성공으로 이끈 올리버 크롬웰 (1599~1658년)

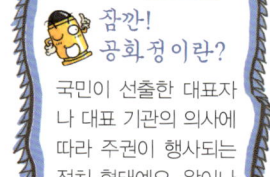

잠깐! 공화정이란?
국민이 선출한 대표자나 대표 기관의 의사에 따라 주권이 행사되는 정치 형태예요. 왕이나 군주가 다스리는 '왕정'과 반대이지요.

찰스 2세 (1630~1685년)

왕정복고 이후, 왕들이 다시 권력을 휘두르려 하자 영국 국민들은 또 다시 혁명을 일으켰단다. 그리고 의회의 권한이 보장되는 정치 체제를 만들었지.

과중한 세금 정책이 불러온
미국 독립 전쟁

처음 아메리카 식민지로 이주한 영국인들은 1607년, 제임스 1세에게 허가를 받은 100여 명의 사람들이에요. 이들은 에스파냐와의 갈등을 피할 수 있는 곳에 식민지 '제임스 타운'을 건설했어요. 1620년에는 102명의 청교도들이 제임스 1세의 청교도 박해를 피해 새로운 식민지를 건설했지요. 이들은 지금의 미국 매사추세츠 주에 '플리머스' 식민지를 건설했어요.

이후 영국은 북아메리카의 대서양 연안에 모두 13개의 식민지를 건설했어요. 그러나 영국이 부족한 재정을 메우기 위해 식민지 사람들에게 과중한 세금을 걷으려 하자, 식민지 사람들은 독립 전쟁을 시작했습니다.

무거운 세금에 대한 불만이 보스턴 차 사건을 일으키다

청교도들은 아메리카 대륙을 향해 항해하는 메이플라워호 배 안에서 정부를 상대로 '메이플라워 맹약'을 맺었어요. 새로운 정착지인 플리머스에서는 의회를 중심으로 정치가 이루어지며, 성인 남자면 누구나 의회에 참석할 수 있다는 협약이었지요.

18세기가 되자 영국 국왕 조지 3세는 오스트리아 왕위 계승 전쟁에 뛰어들어 7년 동안 싸웠어요. 오랜 전쟁으로 나라를 운영할 돈이 부족해진 영국은 북아메리카 13개 식민지로부터 과도한 세금을 거두어들였어요. 설탕 조례와 인지 조례를 만들어 모든 설탕과 문서에 세금을 납부하

메이플라워호가 플리머스 항구에
닿은 것을 기념하는 우표

게 한 거예요. 식민지 사람들은 분노하여 거세게 항의했어요. 당황한 영국 정부는 두 가지 세금을 철회하는 대신에 종이, 유리, 차 등에 무거운 관세(수출·수입하는 물품에 부과하는 세금)를 물게 했어요.

화가 난 식민지 사람들은 1773년 12월, 보스턴 항에 정박해 있던 영국 배에 실린 홍차 상자 342개를 모두 바다에 던져 버렸어요. 이 일을 '보스턴 차 사건'이라고 해요.

신분을 감추기 위해 인디언 옷을 입고 차를 내던지는 보스턴 시민들

식민지, 대륙 회의를 열다

영국 정부는 보스턴 차 사건을 일으킨 식민지 사람들을 괘씸하게 생각했어요. 그래서 식민지 사람들이 차 값을 모두 배상할 때까지 보스턴 항구를 봉쇄시키는 '보스턴 항구 폐쇄법' 등 여러 가지로 식민지에 불리한 법을 통과시켰지요. 식민지인들은 더욱 분노했어요. 그들은 13개 주 대표로 구성된 대륙 회의에서 대륙 헌장을 제정하고, 벤저민 프랭클린을 영국에 보내어 식민지인들이 세금을 낼 수 없는 이유를 설명했어요.

그러나 결과는 '식민지인들도 영국인이므로 세금을 내야 한다.'는 것이었어요. 식민지인들은 식민지 대표가 참여하지 않은 영국 의회의 결정을 따를 수 없다는 의미로 "대표 없이는 과세도 없다."라고 주장하며 격렬히 항의했어요.

> 나는 식민지 대표로 영국에 건너가 대륙 회의에서 결정된 내용을 전했어.

벤저민 프랭클린
(1706~1790년)

1776년 독립 선언서에 서명하는 아메리카 식민지의 대표들

독립 선언서를 발표하다

영국 정부는 차에 대한 관세만 남기고 다른 세금을 모두 없앴으나 식민지인들은 '자유가 아니면 죽음을 달라!'고 외치며 전쟁을 준비했어요. 1774년 7월 4일, 아메리카의 식민지인들은 독립 선언서를 발표했어요. 독립 선언서에는 생명, 자유, 행복은 태어나면서부터 주어진 것이라고 하는 천부 인권 사상과 근대 민주주의의 기본 원리가 담겨 있어, 이후 제정되는 수많은 민주주의 국가들의 독립 선언서에 많은 영향을 주었지요.

영국과 전면 전쟁을 시작하다

1775년 4월, 보스톤 서쪽 렉싱턴과 콩코드 지역에서 영국군과 식민지인들 사이에 총격전이 시작된 것을 계기로 전쟁이 시작되었어요. 초기에 식민지인들은 무기와 병사, 군자금이 부족하여 힘든 싸움을 해야 했어

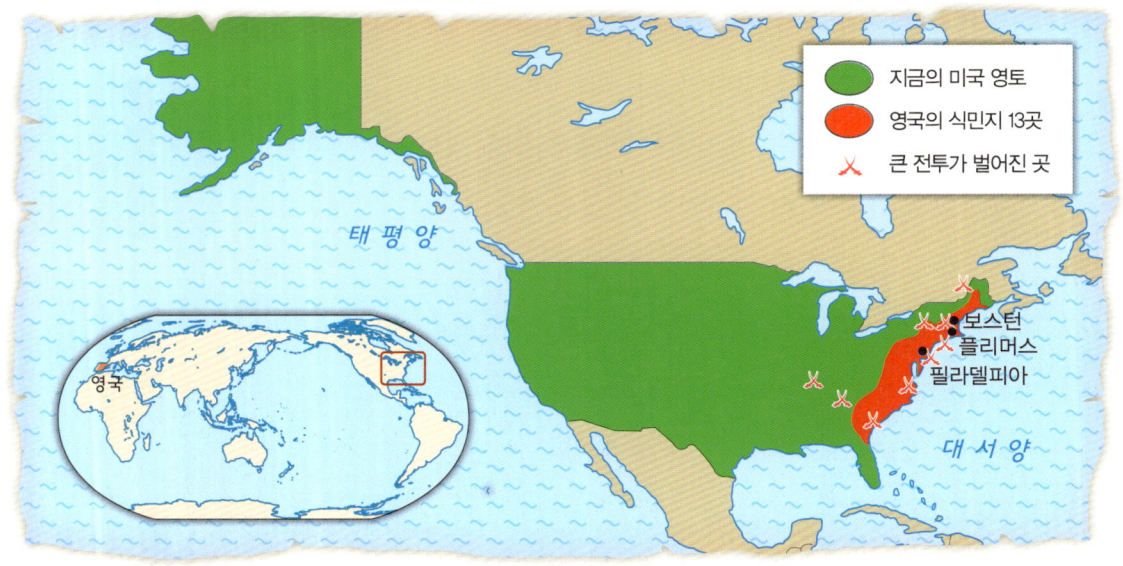

요. 롱아일랜드에서 처음으로 벌어진 전투에서 식민지인들의 민병대는 영국의 리처드 하우 제독이 이끄는 대규모 군대의 공격을 받아 크게 졌고, 이후 5년 동안 연속해서 패했지요.

아메리카 대륙, 독립하다

독립 전쟁을 승리로 이끈 사람은 총사령관 조지 워싱턴이었어요. 그는 군기를 엄격하게 세우는 한편, 독립군들의 불편한 점을 해결해 주어 병사들의 신임을 얻었어요. 전쟁터에서는 뛰어난 지도력을 발휘하여 1781년, 요크타운에서 대승리를 거뒀지요. 이어 프랑스, 에스파냐, 네덜란드도 아메리카 식민지를 지원하면서, 미국 독립 전쟁은 식민지인들의 승리로 끝났어요.

영국은 마침내 1783년 파리 회의에서 미국 식민지 내 13개 주의 독립을 인정했어요. 이후 아메리카 대륙 사람들은 초대 대통령으로 즈지 워싱턴을 선출하고, 영국의 지배에서 벗어난 새로운 국가 '미합중국'을 세웠어요.

요크타운 전투에서 패배하여 조지 워싱턴에게 항복하는 영국군

5장

전쟁으로 보는 세계사
근대의 열강들과 제국주의

산업과 무역의 급속한 발전을 이룬 유럽은
식민지 개척에 더욱 집중했어요.
유럽의 강대국들은 식민지를 늘려
그곳에서 빼앗은 자원으로 더욱 풍족해졌지요.
하지만 식민지가 가져다 주는 이익은
결국 전쟁의 원인이 되었답니다.
근대에 벌어졌던 전쟁에 대해 알아볼까요?

1789년		프랑스 혁명, 인권 선언 발표
1803 ~ 1815년	1	프랑스의 황제, 전 유럽의 통일을 꿈꾸다, 나폴레옹 전쟁 프랑스 vs. 유럽 여러 나라
1804 ~ 1825년	2	식민지가 아닌 독립 국가로 서다, 라틴 아메리카의 독립 전쟁 에스파냐, 프랑스 등 vs 라틴 아메리카 여러 국가
1840 ~ 1860년	3	종이호랑이가 된 중국, 아편 전쟁 영국 vs. 중국
1857 ~ 1859년	4	인도 최초의 반영 운동, 세포이의 항쟁 영국 vs. 무굴 제국 용병
1861년		이탈리아 왕국 성립
1861 ~ 1865년	5	노예 해방을 위한 내전, 미국 남북 전쟁 미국 남부 연합군 vs. 북부 연방군
1868년		일본, 메이지 유신
1870 ~ 1871년	6	철혈 재상, 독일 통일을 선포하다, 프로이센 · 프랑스 전쟁 독일 프로이센 vs. 프랑스
1882년		독일, 오스트리아, 이탈리아, 삼국 동맹 성립
1884 ~ 1885년		청 · 프랑스 전쟁
1894 ~ 1895년		청 · 일 전쟁
1896년		제1회 올림픽 대회
1904 ~ 1905년		러 · 일 전쟁
1907년		영국, 프랑스, 러시아, 삼국 협상 성립 제2회 만국 평화 회의

프랑스의 황제, 전 유럽의 통일을 꿈꾸다
나폴레옹 전쟁

프랑스의 루이 16세는 사치스러운 생활을 하며 미국 독립 전쟁을 지원하는데 많은 돈을 썼어요. 이 때문에 나라 살림이 어려워지자, 프랑스 시민들은 국민의 대표가 참여하는 국민 의회를 만들어 왕이 권력을 독차지하는 일을 막으려 했지요. 그런데 루이 16세가 군대를 동원해 의회를 해산하려 했어요. 분노한 시민들은 정치범을 가두었던 바스티유 감옥을 습격했고, 1789년, 프랑스 혁명이 시작되었어요.

프랑스 혁명이 일어나 왕정이 무너지다

혁명의 불길은 걷잡을 수 없이 퍼져 나갔어요. 국민 의회는 모든 인간은 자유롭고 평등하며, 나라의 권력은 국민에게 있다는 내용의 '인권 선언'을 발표했지요. 이 일은 혁명을 가속화시켰어요. 의회는 또 교회와 귀족들의 재산을 몰수하고 왕정을 폐지한 뒤 공화정을 선포했어요. 1793년, 루이 16세는 시민들과 혁명 정부에 의해 처형당했지요.

폭정의 상징이었던 바스티유 감옥을 습격하는 프랑스 시민들

시민들에게 처형당하는 프랑스 왕 루이 16세

나폴레옹, 쿠데타로 프랑스의 정권을 잡다

왕이 사라진 프랑스 의회는 어지러웠어요. 곧바로 사회를 개혁하자는 사람들과 점진적으로 개혁하자는 사람들로 나뉘어 대립했고, 옛 지위를 되찾으려는 귀족들은 반란을 일으켰지요. 이때 정치를 안정시킨 사람이 바로 나폴레옹이에요.

프랑스 식민지인 코르시카 섬에서 태어난 나폴레옹은 1796년, 27살의 나이에 이탈리아 원정군의 사령관이 되어 이탈리아 북부를 정복했어요. 2년 뒤, 나폴레옹은 이집트 원정을 떠났어요. 그는 이집트의 도시 카이로를 점령하는 성과를 거뒀지만, 영국 해군에게 패했지요.

1799년, 프랑스로 돌아온 나폴레옹은 쿠데타(군사력으로 권력을 빼앗는 정변)를 일으켰어요.

나폴레옹은 의원들을 국회에서 내쫓고 새로운 정부를 구성한 뒤에 스스로 최고 통치자인 제1통령이 되었어요. 프랑스 국민들은 이를 열렬히 환영했답니다. 혁명 뒤 혼란에 빠진 나라 안을 정리하고, 전쟁을 통해 영토를 넓혀 프랑스의 자존심을 높여 주었기 때문이에요.

황제가 된 나폴레옹, 러시아 원정을 떠나다

1804년, 나폴레옹은 국민 투표를 통해 황제의 자리에 올랐어요. 그는 누구나 법 앞에 평등하며, 개인의 소유권은 침해될 수 없다는 내용의 시민들을 위한 개혁을 하여 지지를 받았지요.

나폴레옹은 황제가 된 뒤에도 정복 전쟁을 계속하여 승승장구했어요. 그런데 1805년, 나폴레옹의 군대는 에스파냐와 연합하여 싸운 트라팔가 해전에서 영국에 지고 말았어요. 이 일로 프랑스는 영국에 해상권을 빼앗겼지요.

나폴레옹은 1806년, 유럽 대륙의 나라들에게 영국과 무역을 하지 말라는 '대륙 봉쇄령'을 내렸어요. 영국을 경제적으로 어렵게 만들려고 한 거

예요. 그러자 여러 나라에서 나폴레옹의 지배에 반대하는 전쟁이 벌어졌어요. 특히 러시아는 대륙 봉쇄령을 무시하고 영국과 무역을 계속했지요.

러시아의 반항에 화가 난 나폴레옹은 1812년 6월에 60만 명의 대군을 이끌고 러시아로 쳐들어갔어요. 그리고 그해 10월에 모스크바를 점령했지요. 그러나 겨울이 다가오자 추운 날씨와 식량 부족을 견디지 못한 프랑스군은 더 이상 싸울 수 없었어요. 결국 나폴레옹은 러시아의 항복을 받아내지 못한 채 3만여 명의 군사만을 데리고 돌아왔어요.

나폴레옹
(1769~1821년)

나에게 불가능이란 없다!

나폴레옹 전쟁, 자유주의와 민족주의를 퍼뜨리다

나폴레옹 군대의 힘이 약해지자, 프랑스의 지배에서 벗어나고 싶었던 오스트리아, 프로이센, 스웨덴 등은 동맹군을 결성하여 전쟁을 일으켰어요. 나폴레옹은 프로이센과의 싸움에서 패하고 황제 자리에서도 쫓겨났지요. 결국 1841년, 나폴레옹은 엘바 섬에 갇히게 되었어요.

이듬해 나폴레옹은 엘바 섬을 탈출해서 파리로 돌아왔어요. 그리고 다시 황제 자리에 올라 예전의 영광을 되찾으려 했지요. 하지만 그는 벨기에 남동부에서 벌어진 워털루 전투에서 영국과 프로이센의 연합군에게 패하고 세인트헬레나 섬으로 유배당하고 맙니다.

나폴레옹 전쟁은 유럽에 큰 영향을 끼쳤어요. 이 전쟁을 통해 유럽 여러 나라가 자유와 평등이라는 프랑스 혁명의 사상을 접했기 때문이에요. 그 결과 유럽 전역에 자유주의와 민족주의가 싹트게 되었답니다.

식민지가 아닌 독립 국가로 서다
라틴 아메리카의 독립 전쟁

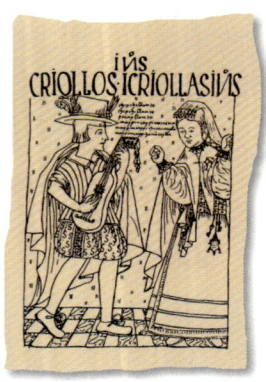

16세기 크리오요를 묘사한 그림

17세기가 되자 라틴 아메리카 대륙은 에스파냐, 포르투갈, 영국, 프랑스, 네덜란드 등 유럽 강대국들의 식민지가 되었어요. 유럽 강대국들은 라틴 아메리카 원주민들의 문화를 파괴하고 자원을 약탈해 갔지요. 프랑스의 자유주의에 영향을 받은 크리오요(라틴 아메리카에서 태어난 에스파냐인)들은 19세기에 들어서면서 라틴 아메리카의 독립 투쟁에 나섰어요.

크리오요, 나폴레옹이 뿌린 자유주의의 영향을 받다

크리오요는 아메리카 대륙의 토박이로, 다른 인종과 섞이지 않은 순수 백인이에요. 이들은 라틴 아메리카에 사탕수수나 카카오 등의 열대 작물을 재배하는 광대한 농장과 수많은 노예를 거느리고 부유한 생활을 했어요. 일부 크리오요들은 자녀를 유럽으로 유학 보냈지요.

19세기 당시 유럽에는 프랑스 혁명 정신인 자유주의가 퍼져 나가고 있었어요. 크리오요들도 자유주의에 깊은 영향을 받아 라틴 아메리카를 독립시키겠다는 생각을 갖게 되었지요.

잠깐! 계몽주의란?
잘못된 낡은 습관과 특권에 반대하여 사회를 개혁하려는 사상을 말해요.

시몬 볼리바르의 투쟁이 전개되다

그러한 크리오요를 대표하는 사람이 라틴 아메리카 독립 영웅인 시몬 볼리바르예요. 시몬 볼리바르는 베네수엘라의 카라카스 출신으로 에스파냐계의 부유한 귀족 가문에서 태어났어요. 16세 때 유럽으로 유학간 그는 자유주의와 계몽주의의 영향을 받아 라틴 아메리카를 꼭 독립시키겠다는 의지를 갖게 되었어요.

볼리바르는 "우리를 속박하고 있는 에스파냐의 권력을 무너뜨릴 때까지 나의 몸과 마음은 한시도 쉬지 않을 것이다."라고 말하며 투쟁을 시작했어요.

군대도, 무기도 부족했지만 볼리바르는 맹렬히 독립 투쟁을 전개해 나갔어요. 험준한 안데스 산맥의 밀림과, 숨을 턱턱 막히게 하는 열대 기후도 그를 막을 수 없었지요. 이때 그의 싸움이 얼마나 치열했는지는 다음 말을 통해 알 수 있어요.

"자연이 우리의 의도에 반대한다면, 우리는 자연과 싸워서 자연을 복종시킬 것이다!"

시몬 볼리바르(1783~1830년)

카라카스 독립 전쟁을 이끄는 시몬 볼리바르

라틴 아메리카 독립 투쟁의 주 무대였던 안데스 산맥

휴, 이렇게 높고 험한 안데스 산맥을 넘나들며 독립 전쟁을 했다니!

라틴 아메리카를 하나의 공화국으로

1819년, 볼리바르는 뉴그라나다(현재의 콜롬비아)의 독립을 쟁취하는데 성공했어요. 하지만 그의 꿈은 라틴 아메리카를 미국과 같은 하나의 공화국으로 만들려는 것이었기 때문에 투쟁을 계속했어요. 그 결과 1821년에는 카라카스(현재의 베네수엘라)를, 1822년에는 키토(현재의 에콰도르)를 해방시켰지요. 사람들은 그에게 '해방자'라는 명예로운 칭호를 붙여 주었어요. 그는 자신이 독립시킨 세 국가를 통합하여 대콜롬비아 공화국을 수립하고 스스로 대통령이 되었지요.

시몬 볼리바르, 꿈을 이루지 못하고 눈을 감다

볼리바르는 독립한 라틴 아메리카의 나라들을 통합하여 미국같은 대공화국을 만들려는 원대한 꿈을 가지고 있었어요. 그러나 그의 꿈은 이루어지지 못했어요. 그의 독재에 반발하는 암살 미수 사건이 일어나기도 하

■ 볼리바르가 독립시킨 나라
■ 산 마르틴이 독립시킨 나라
( ) 각 나라가 독립한 해

멕시코(1821)
쿠바(1902)
온두라스(1821)
아이티(1804)
도미니카 공화국(1844)
과테말라(1821)
니카라과(1821)
엘살바도르(1821)
베네수엘라(1811)
영국령 기아나(1966)
네덜란드령 수리남(1863)
코스타리카(1821)
콜롬비아(1819)
프랑스령 기아나(1840)
파나마(1903)
에콰도르(1822)
리마
페루(1821)
브라질(1822)
볼리비아(1825)
칠레(1818)
파라과이(1811)
아르헨티나(1816)
우루과이(1828)

리마에서 페루의 독립을 선언하는 산마르틴

고, 가장 가까운 부하였던 수크레가 암살당하는 불운도 겪었지요. 시몬 볼리바르는 결국 폐결핵으로 세상을 떠났어요.

산 마르틴, '페루의 수호자'가 되다

라틴 아메리카에는 또 한 명의 독립 영웅이 있었어요. 크리오요 출신이며 군인이었던 호세 데 산 마르틴이지요. 그는 라플라타(현재의 아르헨티나)를 중심으로 눈부신 활약을 펼쳤어요. 지형에 밝은 그는 언제나 최전선에 서서 혁명군을 이끌었어요. 그의 용맹함을 보면서 전사들은 힘과 용기를 얻었지요. 산 마르틴은 라플라타와 산티아고(현재의 칠레)를 독립시켰고, 안데스 산맥을 넘어 페루로 진격하여, 수도인 리마를 함락시킴으로써 '페루의 수호자'라는 명예를 얻었어요.

호세 데 산 마르틴
(1778 ~ 1850년)

새로운 역사를 시작한 라틴 아메리카의 나라들

이외에도 라틴 아메리카와 인접한 중앙아메리카의 아이티에서는 해방된 노예인 투생 루베르튀르를 중심으로 흑인 노예들이 나폴레옹군을 물리치고 1804년, 남아메리카 최초로 독립을 이루었어요. 또 포르투갈의 식민지였던 브라질에서는 나폴레옹 전쟁 중에 브라질로 피신했던 포르투갈의 왕자 동 페드루만이 브라질의 독립을 선포했지요. 이후 브라질은 독립국이 되어 새로운 역사를 시작했어요.

아이티의 독립을 이끈
투생 루베르튀르
(1743년경 ~ 1803년)

종이호랑이가 된 중국
아편 전쟁

19세기 초, 청나라에서 차를 재배하던 모습

19세기 영국은 청나라에 모직물과 면화를 수출하고 청나라로부터 홍차, 비단, 도자기 등을 수입했어요. 특히 홍차를 많이 사 갔지요. 청나라는 은을 받고 홍차를 팔았어요. 이에 따라 엄청난 양의 영국 은이 청나라로 흘러 들어가 영국은 중국과의 무역에서 큰 손실을 보고 있었답니다.

영국, 중국 정부 몰래 아편을 수출하다

당시 청나라는 영국과의 무역을 제한하고 있었어요. 광저우라는 항구만 열고 공행(서양과 무역을 할 수 있도록 정부의 허가를 받은 상인 조합)과만 거래할 수 있도록 했지요. 서양의 문화가 들어오는 것이 싫었던 데다 서양 수입품들도 필요가 없었기 때문이에요. 청나라는 필요한 모든 것을 자기네 땅에서 기르고 만들 수 있는 자급자족하는 나라였거든요.

영국은 청나라와 무역에서 계속 손해를 보자, 청나라에 물건을 팔 수 있는 지역을 넓혀 달라고 했어요. 청나라는 영국의 요청을 거절했지요. 어떻게 하면 무역으로 인한 손해를 해결할 수 있을까 궁리하던 영국은 청나라가 약으로 쓰려고 아편(양귀비꽃의 진으로 만든 중독성이 강한 마약)을 수입한다는 것을 떠올렸어요. 그 뒤로 영국은 청나라 정부 몰래 청나라 시장에 아편을 팔기 시작했지요.

청나라로 아편을 실어 나르던 영국의 배

난징 조약 체결로 끝난 제1차 아편 전쟁

영국에서 아편이 밀수입되자 청나라에는 아편 중독자들이 늘어났어요. 영국은 아편 수출로 많은 돈을 벌었지요. 결국 영국이 수입하는 홍차의 양보다 중국이 수입하는 아편의 양이 더 많아졌어요.

이에 청나라는 아편을 들여오는 것을 금지하고 광저우에 특별 관리 임칙서를 보냈어요. 임칙서는 광저우에 있는 영국 상인들로부터 아편을 빼앗아 불태워 버렸지요. 그러자 영국은 이 일을 빌미로 1840년 6월, 청나라를 공격했어요.

청나라는 영국을 감당할 만한 힘이 없었어요. 지방 관리들은 부패해 있었고, 중앙 정부도 어수선했기 때문이에요. 영국 해군은 청나라의 해안을 장악하고 청나라를 위협했어요. 결국 1842년 8월, 청나라는 영국에 항복하고 난징 조약을 체결했지요. 난징 조약으로 영국은 다섯 개의 청나라 항구에서 자유롭게 무역 활동을 할 수 있게 되었고, 홍콩 섬의 지배권을 얻었어요. 난징 조약은 청나라가 외국과 처음으로 맺은 근대적 조약이에요. 그러나 영국에게 일방적으로 유리한 불평등 조약이었습니다.

난징 조약을 맺는 청나라와 영국

애로호 사건으로 제2차 아편 전쟁이 일어나다

영국은 제1차 아편 전쟁에서 이겼지만 그래도 큰 이익을 보지는 못했어요. 영국산 제품이 여전히 청나라에서 인기를 끌지 못했기 때문이에요. 그러자 영국은 청나라에게 아편 무역을 합법화하고 북쪽의 대도시도 개방하라고 했어요. 청나라는 이를 거절했고, 영국은 또 다시 전쟁을 일으키려고 마음먹었어요. 그때 마침 애로호 사건이 일어났지요.

1856년 10월 8일, 청나라 광저우의 한 관리가 영국 배인 애로호에 올라

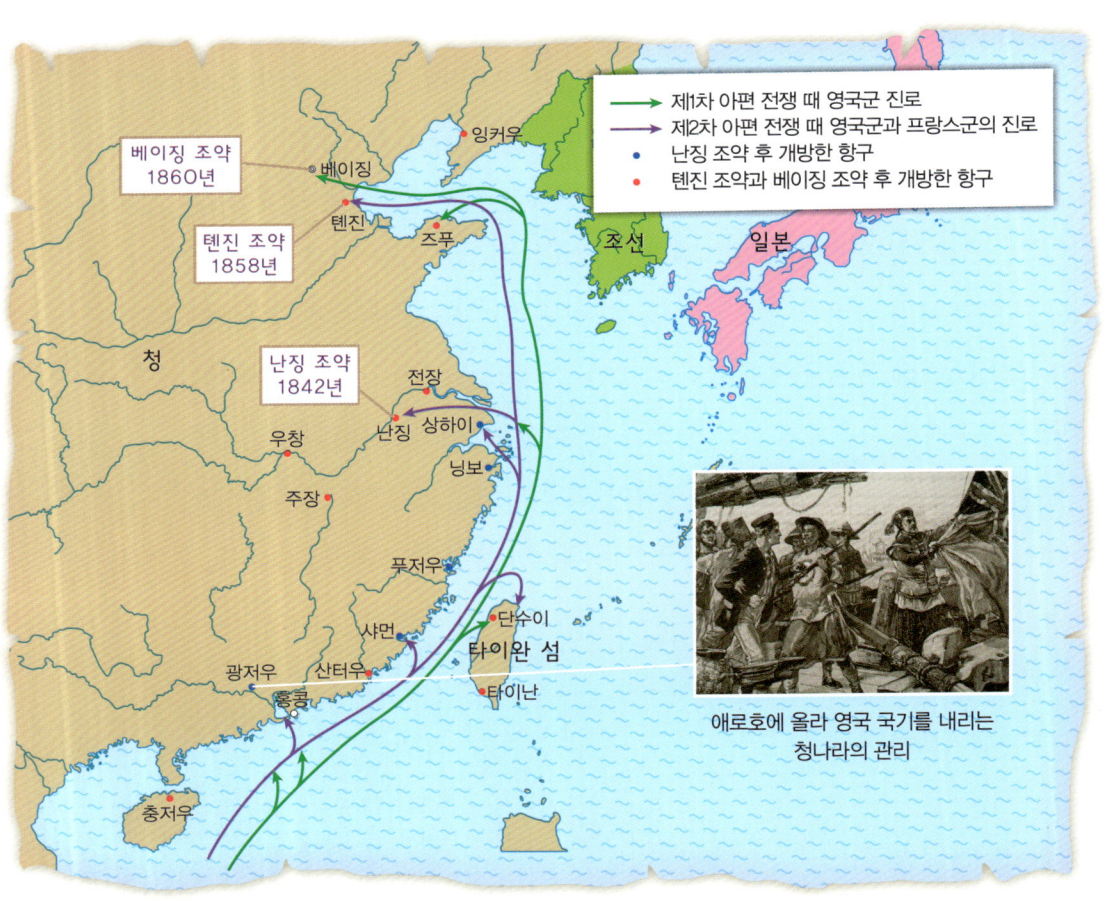

애로호에 올라 영국 국기를 내리는
청나라의 관리

청나라 범죄자들을 체포했어요. 그런데 영국은 체포 과정에서 청나라 관리가 영국 국기를 강제로 내리게 했다며 청나라에 공식적인 사과를 요구했지요. 청나라가 사과하지 않자 영국은 이 사건을 구실 삼아 전쟁을 일으켰어요. 그러자 프랑스도 자기네 선교사가 청나라에서 처형당한 일을 핑계로 전쟁에 참여했답니다.

청나라를 나누어 가지려는 서구 열강들을 풍자한 그림

유럽 강대국들의 침략과 간섭을 받게 된 청나라

1858년, 영국과 프랑스는 제2차 아편 전쟁에서도 패배한 청나라와 톈진 조약을 맺으려 했어요. 더 많은 도시를 개방하고, 크리스트교 선교사의 활동을 보장하며, 양쯔강과 다른 항구에 영국, 프랑스 등의 군함이 드나드는 것을 허락하겠다는 내용이었지요. 그런데 청나라가 이를 거부하자 1860년에 영국과 프랑스의 연합군이 청나라의 수도 베이징을 점령했어요. 그리고 베이징 조약을 맺었지요. 베이징 조약으로 청나라는 톈진 조약 때보다 더 많은 도시를 개방하고 주룽 반도까지 영국에 내주어야 했어요.

영국과 조약을 맺는 청나라

두 차례 일어난 아편 전쟁에서 패한 청나라는 영국, 프랑스, 미국, 러시아, 일본 등 여러 강대국의 간섭을 받게 되었어요. 청나라 사람들은 전쟁 배상금을 마련할 세금을 내느라 허리가 휠 지경이었지요.

이런 불만으로 청나라 곳곳에서는 농민 봉기와 사회 개혁 운동이 일어났어요. 그러나 모두 실패했답니다. 결국 청나라는 1912년에 중화민국이 세워질 때까지 무기력하게 지내야 했어요.

인도 최초의 반영 운동
세포이의 항쟁

17세기 초, 남쪽의 일부 지방을 제외한 인도의 대부분은 무굴 제국의 지배를 받고 있었어요. 그런데 신항로가 개척되면서 유럽 열강들이 인도를 차지하기 위해 싸움을 벌였지요. 1757년, 영국은 플라시 전투에서 승리하여 인도 전역을 지배하게 되었어요. 영국은 무역 회사인 동인도 회사를 세워 인도 전역을 가혹하게 통치했습니다.

영국, 플라시 전투에서 승리하여 인도를 독점하다

신항로 개척 이후 프랑스와 영국은 앞다투어 인도를 식민지로 만들려고 했어요. 인도에서는 향신료와 면직물 등 유럽에서 인기 있는 상품이 많이 났거든요. 당시 영국의 동인도 회사는 인도에서 가져간 면화로 공장에서 값싼 면직물을 만든 다음, 이것을 재수입해 비싸게 팔았어요. 머지않아 인도의 면직물 산업은 황폐화되고, 사람들은 굶주리게 되었지요.

1756년, 벵골 지방을 다스리던 우드다울라 태수는 영국의 동인도 회사가 요새를 만들려고 하는 지역을 공격했어요. 동인도 회사가 법을 어기

면화로 면직물을 만드는 인도 여인

18세기 중반, 영국 동인도 회사의 캘커타 요새

며 무역하려 했다는 이유였지요. 그리고 1년 뒤인 1757년, 태수와 영국군은 다시 전투를 벌였어요. 이것이 플라시 전투이지요.

사실 플라시 전투는 영국과 프랑스의 싸움이나 다름없었어요. 태수군이 프랑스군의 전폭적인 지원을 받고 있었기 때문이에요. 태수군은 5만 명의 군대를 가지고 있었어요. 이에 비해 영국군은 고작 3천 명밖에 되지 않았지요. 영국군은 전쟁에서 이기기 위해 인도군을 분열시키는 탁월한 전략을 펼쳤어요. 아랫사람들을 매수하여 태수를 배신하게 만든 거예요. 결국 플라시 전투는 영국 동인도 회사의 승리로 끝났어요.

영국 동인도 회사가 고용한 용병, 세포이들의 항쟁

이후 영국 동인도 회사는 무굴 제국의 정치와 경제에 간섭하고, 인도까지 영향력을 미쳤어요. 무역도 독점했지요. 인도를 지배하던 무굴 제국의 영향력은 점점 줄어들었어요. 19세기 중엽이 되니 인도 전체가 영국의 식민지가 되었지요. 이런 가운데 영국의 동인도 회사가 고용한 용병인 세포이들이 영국에 대대적인 항쟁을 일으켰어요.

발단은 세포이들이 사용하는 탄약통이었어요. 세포이들이 사용하는 총에 총알을 장전하기 위해서는 탄약통 끝을 입

무굴 제국 출신의 세포이 보병

세포이는 영국의 용병이었지만 나중에는 영국에 적극적으로 대항했대.

에 물어야 했어요. 그런데 영국은 인도의 종교 문제를 전혀 고려하지 않고, 여기에 돼지와 소의 기름을 칠해 놓았어요. 인도인들은 힌두교와 이슬람교를 많이 믿었는데, 힌두교에서는 소를 신성한 동물로 여기고, 이슬람교에서는 돼지를 먹어서는 안 되는 동물로 여겼어요. 그래서 세포이들은 탄약통을 입에 물길 거부했지요.

세포이의 항쟁은 북인도 지역에서부터 시작되었어요. 명령을 거부하는 세포이들에게는 족쇄를 채우는 벌이 내려졌지요. 이 소식을 들은 동료 세포이들은 분노하여, 일제히 영국에 대항하기 시작했어요.

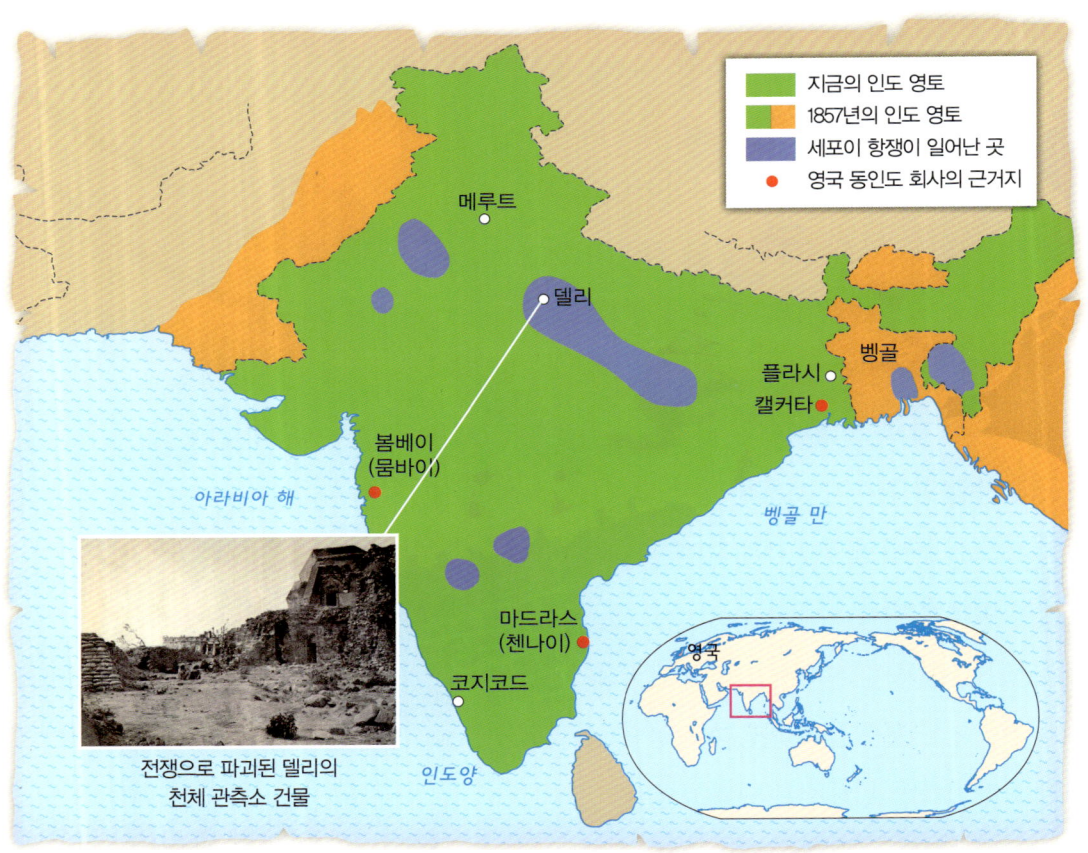

전쟁으로 파괴된 델리의 천체 관측소 건물

세포이, 무굴 제국의 수도 델리를 점령하다

세포이들의 분노는 하늘같이 높아졌어요. 세포이들은 파죽지세로 들고 일어나 무굴 제국의 수도 델리를 점령했지요. 인도 북부에 있던 왕국의 여왕인 락슈미바이도 참여하여 힘을 보탰어요. 그들은 델리를 점령한 다음, 영국인들에게 연금을 받아 생활하고 있던 무굴 황제 바하두르 샤 2세를 황제로 복위시켜 무굴 제국 통치를 부활시키려고 했어요.

인도 북부 아그라에 있는 락슈미바이의 동상

영국, 세포이 항쟁을 진압하고, 무굴 제국을 멸망시키다

그러자 영국군은 서아시아와 중국에 주둔해 있던 군대를 불러들여 세포이에 대한 대대적인 반격에 나섰어요. 영국군은 피도 눈물도 없었어요. 포로로 잡힌 세포이 수백 명을 세워 두고 대포를 쏘아 한꺼번에 처형시키는 살인극도 벌였지요. 영국의 무자비한 탄압으로 1858년, 항쟁이 일어난 지 2년째 되는 해에 세포이의 항쟁은 완전히 진압되었어요. 영국은 세포이의 항쟁에 대한 보복으로 무굴 제국을 멸망시키고 영국이 인도를 직접 통치하는 영국령 인도 제국을 세웠지요.

세포이 항쟁의 참가자를 처형하는 영국군

1877년, 영국의 빅토리아 여왕은 영국령 인도 제국의 겸임 황제로 화려하게 등극했고, 인도는 가혹한 식민 통치를 겪게 되었어요. 영국의 지배 방식은 매우 지능적이었어요. 겉으로는 인도인을 존중하는 척했지만, 영국에 충성하는 지배층을 키워 인도가 독립하기 어렵게 만들었답니다.

남부와 북부의 입장 차이로 인한 내전
미국 남북 전쟁

미국은 1783년에 영국으로부터 독립했어요. 그 뒤 남부와 북부는 서로 다른 방향으로 발전했지요. 남부는 흑인들을 노예로 부려 면화를 재배하는 농업 중심의 사회가 되었어요. 이에 비해 북부는 공장에서 물건을 만드는 제조업이 발달했답니다.

남부와 북부, 관세와 노예 제도 문제로 대립하다

미국의 남부와 북부는 먹고사는 방식이 달라서 관세(외국과 무역할 때 내는 세금) 문제에 대한 생각도 달랐어요. 외국에서 물건을 들여올 때 세금을 높게 매기면 그 물건의 가격은 올라가요. 그러면 똑같은 물건일 경우, 비싼 수입품보다는 나라 안에서 만든 싼 물건을 사게 되지요. 이렇게 북부 사람들은 관세를 높여 나라 안의 제조업을 보호하려고 했어요.

반면 남부 사람들은 관세를 낮추길 원했어요. 면화를 외국에 수출해야 했기 때문이에요. 남부는 대부분의 물건을 외국에서 들여와 쓰고 있었기 때문에 관세가 낮은 것이 유리했어요.

노예 제도에 대해서도 입장이 달랐어요. 북부는 흑인들에게 강제로 일을 시키는 것이 옳지 않다고 생각했어요. 하지만 남부는 농장 일을 할 노예가 필요했기에 노예 제도를 유지하고 싶어 했지요.

사람을 물건처럼 사고파는 노예 제도는 옳지 않아!

남부의 면화 농장에서 일하는 흑인 노예들

섬터 요새 공격으로 남북 전쟁이 시작되다

1861년, 노예 제도를 반대하는 링컨이 북부의 열렬한 지지에 힘입어 미국의 대통령이 되었어요. 그러자 이에 반대하는 남부의 일곱 개 주가 미국 연방에서 떨어져 나가 '남부 연합'이라는 나라를 세웠어요.

미국 정부는 나라를 남과 북으로 쪼갤 수는 없다고 생각했어요. 그런데 그해 4월, 남부 연합이 섬터 요새를 공격했지요. 섬터 요새는 남부 연합의 땅에 있었지만 연방군이 차지하고 있던 곳이었어요. 이렇게 해서 남북 전쟁이 시작되었지요.

남부는 북부보다 전쟁 물자나 군인 수가 부족했어요. 하지만 면화를 팔아 부유했고 길도 잘 뚫려 있어서 승리할 거라고 믿었지요. 게다가 남군을 이끄는 리 장군은 뛰어난 전략으로 불리한 조건에서도 전투를 승리로 이끌었어요.

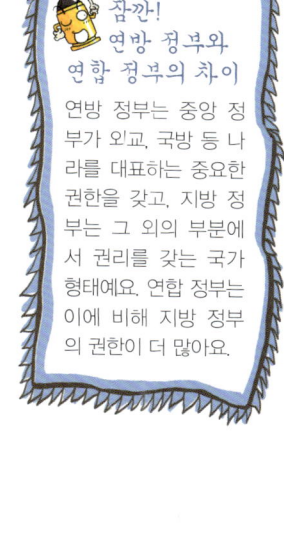

잠깐! 연방 정부와 연합 정부의 차이

연방 정부는 중앙 정부가 외교, 국방 등 나라를 대표하는 중요한 권한을 갖고, 지방 정부는 그 외의 부분에서 권리를 갖는 국가 형태예요. 연합 정부는 이에 비해 지방 정부의 권한이 더 많아요.

링컨 대통령, 노예 해방을 선언하다

남부는 유럽에 면화를 수출하고 전쟁에 필요한 물건을 수입했어요. 그런데 전쟁이 시작되자 북부가 남부의 배들이 드나드는 항구를 막아 버렸지요. 남부는 더 이상 전쟁에 필요한 물자를 들여올 수 없었어요.

게다가 1863년 1월, 링컨 대통령이 노예 해방을 선언했어요. 남부 지방에 있는 노예에게 자유를 주겠다고 발표한 거예요. 그러자 자유를 추구하는 유럽의 나라들도 북부를 지지하게 되었지요.

그해 7월, 게티즈버그 전투가 벌어졌어요. 남부 연합은 이 전투에서 이겨 독립국으로 인정받으려고 했어요. 그래서 죽을 각오로 싸웠지만 승리는 북부의 몫이었답니다.

넉 달 뒤, 치열한 싸움이 벌어졌던 게티즈버그에는 국립묘

에이브러햄 링컨
(1809 ~ 1865년)

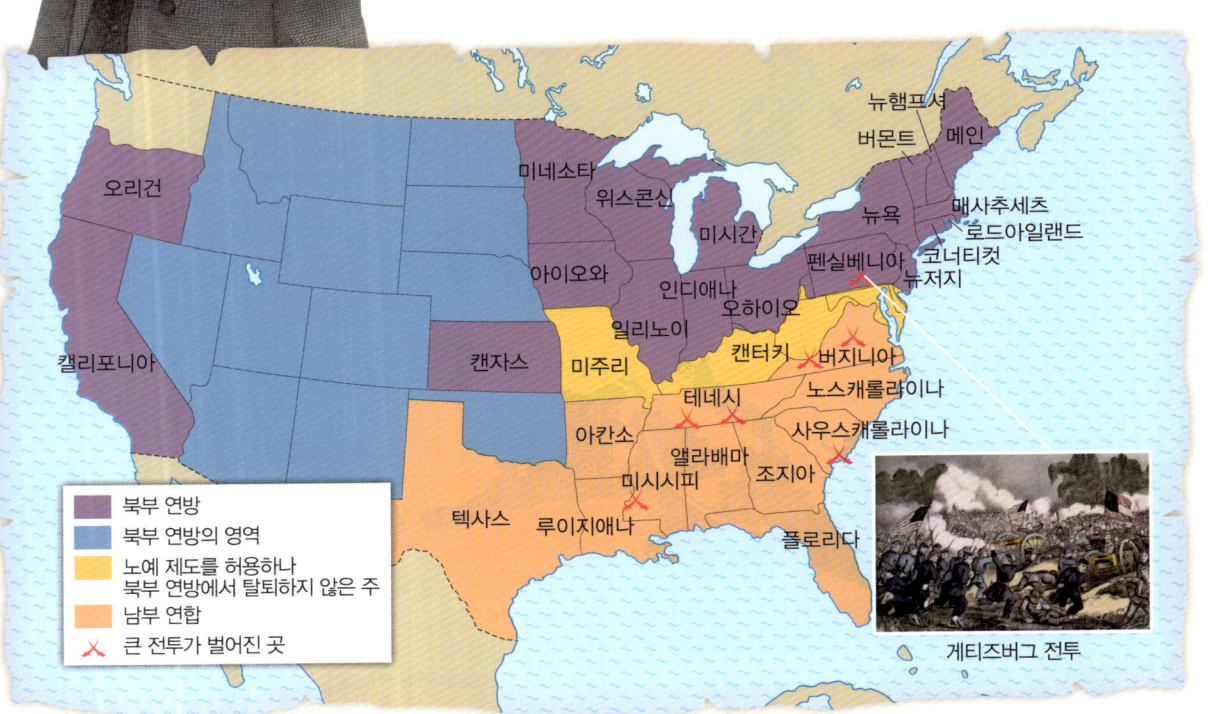

게티즈버그 전투

북군 앞에서 항복 문서에 서명하는 남군의 리 장군(왼쪽)

지가 세워졌어요. 기념식에 참석한 링컨 대통령은 역사에 길이 남은 다음과 같은 연설을 했어요.

"이 나라를 자유의 땅으로 새롭게 만들고, 국민의, 국민에 의한, 국민을 위한 정부가 이 땅에서 사라지지 않도록 합시다!"

북군이 승리하고, 노예 제도가 완전히 폐지되다

북부와 남부는 게티즈버그 전투가 끝난 뒤에도 전쟁을 계속 했어요. 1864년, 링컨 대통령은 그랜트 장군을 북군의 사령관으로 임명했지요. 그랜트 장군은 뒤늦게 북군을 이끌게 되었지만 남군과의 전투를 승리로 이끌며 활약했어요. 궁지에 몰린 남부는 결국 1865년 4월 18일, 항복 선언을 했고, 마침내 남북 전쟁이 끝났어요.

그 뒤로도 남부와 북부는 오랫동안 갈등을 겪었어요. 그렇지만 미국은 남북 전쟁을 통해 나라가 두 개로 갈라지는 일을 막았고, 노예 제도를 폐지하는 성과를 거두었어요. 이후 미국은 북부를 중심으로 상공업이 발달하면서 세계 강대국이 되는 발판을 마련했답니다.

철혈재상, 독일 통일을 선포하다
프로이센·프랑스 전쟁

19세기에 이르러 독일은 신성 로마 제국의 영향력이 크게 줄어든 가운데, 프로이센과 오스트리아를 비롯한 크고 작은 여러 영방 국가(영토를 다스리는 제후가 세운 지방 국가)로 분열되어 있었어요. 이러한 독일을 통일시킨 사람이 프로이센의 수상인 비스마르크예요. 그는 덴마크, 오스트리아와의 전쟁에서 승리하여 통일의 발판을 놓은 다음, 독일의 통일을 방해하는 유럽의 최강국 프랑스와 전쟁을 시작했어요.

비스마르크가 프로이센 수상에 임명되다

19세기 독일 앞에는 두 가지 통일의 방법이 있었어요. 하나는 오스트리아를 중심으로 하는 대독일주의로, 신성 로마 제국이 차지하고 있던 영토에 살고 있는 슬라브족, 마자르족, 이탈리아까지 독일에 포함시키는 것이었어요. 다른 하나는 프로이센이 내세운 소독일주의로, 북부 독일의 프로이센을 비롯한 게르만 족으로 구성된 나라만을 독일 통일 국가에 포함시키는 것이었어요.

1861년, 프로이센의 국왕에 오른 빌헬름 1세는 소독일주의를 적극 실천하기 위해 비스마르크를 수상에 임명했어요. 비스마르크는 토지 귀족 출신으로 러시아와 프랑스 대사를 지내 외교 수완이 뛰어난 사람이었지요.

비스마르크
(1815~1898년)

비스마르크, 독일 통일을 철혈 정책으로 밀고 나가다

당시 빌헬름 1세는 군비를 늘리는 문제로 의회와 대립하고 있었어요. 이런 상황에서 비스마르크의 연설은 사람들을 깜짝 놀라게 했어요.

"현재의 큰 문제는 철과 피로써만 해결될 것입니다."

이것을 '철혈 정책'이라고 해요. 비스마르크는 군사 시설을 확충하고, 전쟁을 통해서만 독일의 통일을 이룰 수 있다고 생각했지요. 이후 비스마르크는 의회의 반대를 무시하면서 전쟁 준비에 나섰어요.

덴마크, 오스트리아와 전쟁에서 승리하다

비스마르크는 프로이센·덴마크 전쟁에서 오스트리아와 힘을 합쳐 승리했어요. 덴마크와 전쟁을 하게 된 이유는 독일인이 많이 살고 있는 슐레스비히와 홀슈타인 공국을 자기네 땅으로 삼으려 했기 때문이에요.

프로이센·덴마크 전쟁에서 프로이센은 단 5주 만에 승리했어요. 이어 다시 오스트리아와 전쟁을 했는데 이번에는 단 7주 만에 승리했지요.

이 전쟁에서 프로이센군은 산업 혁명으로 탄생한 철도를 효율적으로 이용하여 빠르게 군대를 수송했어요. 또 드라이제라는 사람이 개발한 소총으로 무장하여 엎드린 자세에서 오스트리아군에게 사격을 가함으로써, 서서 싸우는 오스트리아군을 단 7주 만에 항복시켰어요.

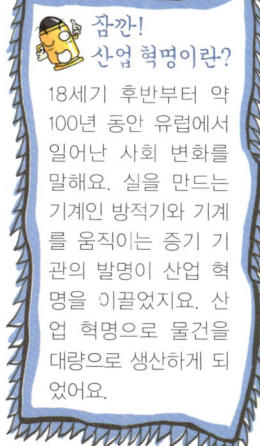

잠깐! 산업 혁명이란?

18세기 후반부터 약 100년 동안 유럽에서 일어난 사회 변화를 말해요. 실을 만드는 기계인 방적기와 기계를 움직이는 증기 기관의 발명이 산업 혁명을 이끌었지요. 산업 혁명으로 물건을 대량으로 생산하게 되었어요.

프로이센과 오스트리아의 1866년 쾨니히그레츠 전투

프랑스와 전쟁에서 나폴레옹 3세를 포로로 붙잡다

오스트리아는 독일과 전쟁에서 패하며 독일 연방에서 탈퇴했어요. 비스마르크는 오스트리아를 제외한 '북독일 연방'을 결성했지요. 그리고 독일 통일을 위해 마지막으로 프랑스와 전쟁을 준비했어요.

유럽의 최강국 프랑스는 이웃 나라의 힘이 강해지는 것을 경계하며 사사건건 독일 통일을 방해했어요. 비스마르크는 프랑스 대사가 빌헬름 1세를 모욕한 것처럼 꾸며 프랑스와 전쟁을 일으켰어요. 그리고 치밀한 전략과 탁월한 전투력으로 프랑스 군을 궁지로 몰아넣었어요.

프랑스 군대는 지휘나 훈련 체계가 잘 잡혀 있지 않았어요. 위력적인

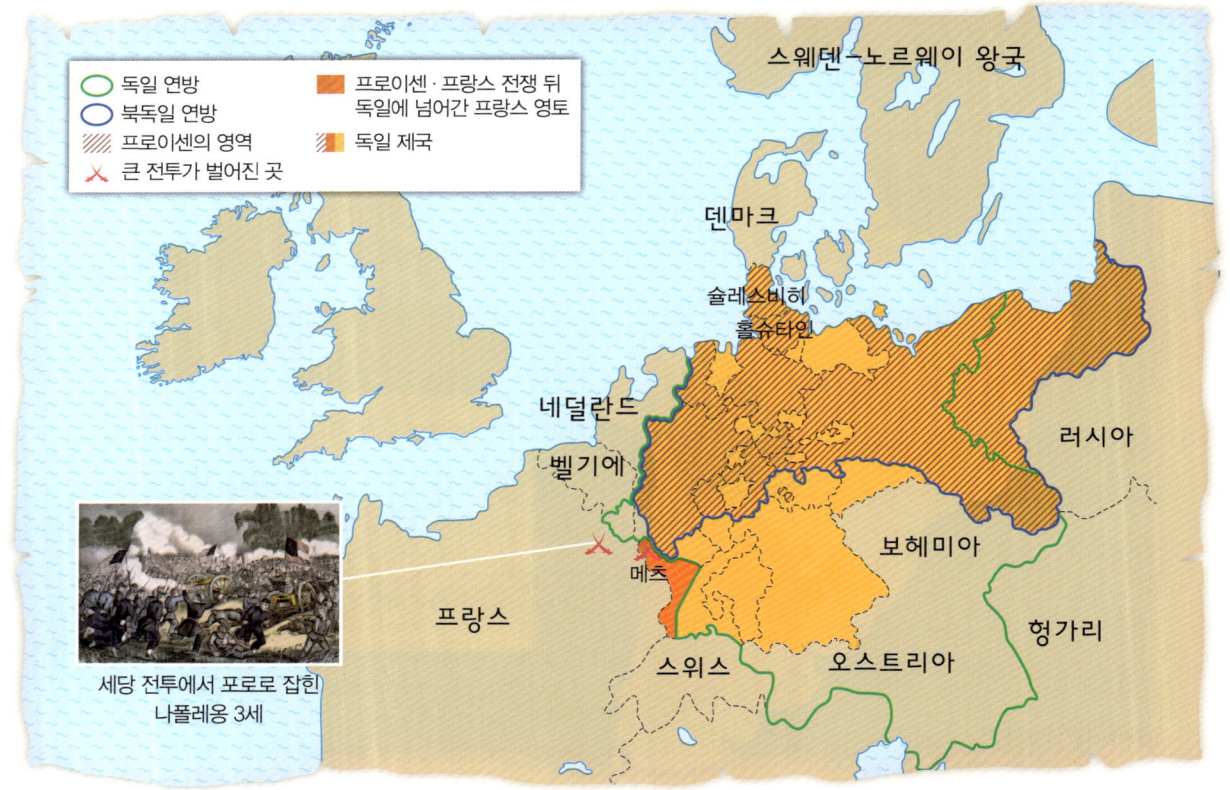

세당 전투에서 포로로 잡힌 나폴레옹 3세

소총으로 무장하고 있었지만, 독일이 직접 만든 4만 킬로그램짜리 크루프 대포 앞에서는 무용지물이었지요. 프랑스의 주요 전략지인 메츠 요새는 프로이센군에게 함락되었고, 세당 전투에서는 지원에 나선 나폴레옹 3세까지 포로로 잡혔어요. 세당 전투에서만 10만여 명의 프랑스군이 프로이센의 포로가 되자, 프랑스 국민은 큰 모욕감에 빠졌지요.

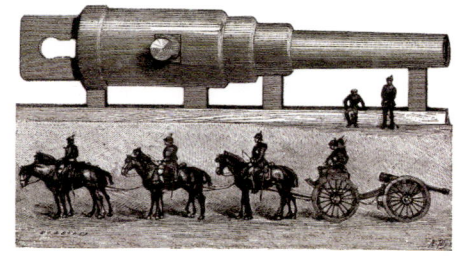

위력적인 무기였던 크루프 대포

베르사유 궁전에서 독일 제국 황제 즉위식을 거행하다

나폴레옹 3세의 무능함에 분노한 프랑스 국민들은 다시 혁명을 일으켜 공화정부를 탄생시켰어요. 새로운 프랑스 정부는 프로이센에 적극적으로 대항했어요. 프랑스군은 목숨을 건 게릴라 작전을 펼쳤지만, 잘 훈련된 프로이센군을 이길 수 없었어요. 게다가 전염병까지 유행하여 많은 사람이 죽었지요. 결국 전쟁은 프로이센의 승리로 끝났어요.

1871년, 빌헬름 1세는 파리 베르사유 궁전에서 비스마르크의 축하를 받으며 독일 제국의 황제에 올랐어요. 이후 비스마르크는 통일된 독일 제국의 수상이 되어 능란한 외교를 펼쳤고, 독일 제국은 전쟁은 피하면서 유럽의 최강국 대열에 오를 수 있었지요. 비스마르크의 활약으로 독일이 맹위를 떨치던 이 시대를 '비스마르크 시대'라고 해요.

독일 제국을 선포하며 황제에 오르는 빌헬름 1세

6장

전쟁으로 보는 세계사
세계 대전과 현대의 전쟁들

제국주의와 팽창주의는 결국 두 번의 세계 대전이라는
인류 최대의 비극을 불러왔어요.
하지만 그 뒤에도 자본주의와 사회주의의 대결로 인해,
석유와 같은 자원을 서로 차지하기 위해
사람들은 여전히 전쟁을 벌였답니다.
현대에 일어났던 전쟁을 알아보면서
어떻게 하면 전쟁을 막을 수 있을지 생각해 보아요.

1917년	러시아 혁명
1914 ~ 1918년	**1** 유럽의 제국주의가 일으킨 재앙, 제1차 세계 대전 연합국(영국, 프랑스, 러시아 등) vs. 동맹국(독일, 오스트리아 등)
1929년	미국, 경제 대공황 발생
1939 ~ 1945년	**2** 인류 역사상 가장 큰 전쟁, 제2차 세계 대전 연합국(영국, 프랑스, 미국, 소련 등) vs. 추축국(독일, 이탈리아, 일본 등)
1945년	국제 연합(UN) 탄생
1949년	중화 인민 공화국 수립
1954 ~ 1962년	**3** 아프리카 대륙 유럽 식민지의 독립, 알제리 전쟁 프랑스 vs. 알제리
1964 ~ 1975년	**4** 강대국 미국의 굴욕으로 남은, 베트남 전쟁 미국 vs. 베트남
1961년	소련, 유인 인공위성 발사
1980 ~ 1988년	**5** 영토와 석유를 둘러싼 충돌, 이란·이라크 전쟁 이란 vs. 이라크
1989년	독일, 베를린 장벽 붕괴 중국, 톈안먼 사태
1990년	독일 통일
1991년 2003 ~ 2011년	**6** 대량 살상 무기와 검은 황금, 이라크의 전쟁 미국 외 다국적군 vs. 이라크
1991년	소련 연방 해체 유럽 연합(EU) 탄생
1997년	영국, 중국에 홍콩 반환
1999년	포르투갈, 중국에 마카오 반환
2001년	미국, 9·11 테러 발생
2010 ~ 2011년	튀니지, 재스민 혁명

유럽의 제국주의가 일으킨 재앙
제1차 세계 대전

제1차 세계 대전은 약 천만 명이 죽고 약 2천만 명이 부상을 당한 큰 싸움이었어요. 이 전쟁은 유럽의 제국주의 국가들 사이에서 일어났지요. '세계 대전'은 여러 나라들이 한꺼번에 전쟁에 참가해서 붙은 이름이랍니다.

제1차 세계 대전 당시 영국의 군인 모집 포스터

제국주의 국가들, 식민지 쟁탈전을 벌이다

1900년대 유럽에는 산업이 발달하여 공장에서 많은 물건을 만들었어요. 그러다 보니 물건을 만들 원료와 내다 팔 시장이 필요했지요.

아시아와 아프리카는 원료도 풍부하고 물건을 팔 시장도 넓었어요. 그래서 유럽 나라들은 군대를 동원해 두 대륙을 지배하고 식민지를 건설했어요. 이런 나라들을 '제국주의 국가'라고 해요.

당시 식민지가 가장 많았던 나라는 영국과 프랑스였어요. 그 뒤를 이어 독일도 식민지를 확보하려고 나섰지요. 1900년대 초에 영국, 프랑스, 독일은 아시아와 아프리카에서 서로 식민지를 많이 차지하기 위해 치열하게 경쟁했어요. 독일은 이 경쟁에 뒤늦게 뛰어들었기 때문에 영국과 프랑스에 불만이 많았답니다.

영국의 아프리카 식민 정책을 풍자한 그림

유럽의 화약고에서 전쟁의 불씨가 타오르다

제1차 세계 대전이 일어난 곳은 발칸 반도였어요. 발칸 반도는 유럽과 아시아를 잇는 지점에 있기 때문에 예로부터 전쟁이 많았던 곳이에요. 그래서 '유럽의 화약고'라 불렸지요.

오스트리아 황태자 부부의 암살 장면

발칸 반도는 1300년대부터 오스만 제국이 지배했어요. 그런데 오스만 제국의 힘이 약해지자 1878년에 이곳에 위치한 세르비아가 독립을 했지요. 세르비아는 주변 지역을 하나로 합쳐 국가를 세우려 했어요.

하지만 1908년, 오스트리아가 세르비아 주변 지역인 보스니아와 헤르체고비나를 차지해 버렸어요. 이에 화가 난 한 세르비아 청년이 1914년에 사라예보(보스니아의 수도)를 방문한 오스트리아 황태자 부부를 암살하는 일이 일어났어요. 이것이 바로 사라예보 사건이에요.

발칸 반도의 전쟁이 제1차 세계 대전으로 확대되다

1914년, 오스트리아는 사라예보 사건을 이유로 세르비아에 전쟁을 선포했어요. 그러자 슬라브족 나라인 러시아가 세르비아 편에 섰어요.

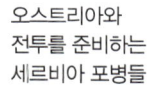

오스트리아와 전투를 준비하는 세르비아 포병들

한편, 오스트리아와 독일 세력은 발칸 반도에서 게르만 족을 한데 묶어 세력을 키우려 하고 있었어요. 그래서 전쟁이 민족 간의 싸움으로 번지자 오스트리아의 동맹국들과 러시아의 동맹국들은 모두 전쟁에 참여하게 되었지요. 이렇게 해서 제1차 세계 대전이 시작되었어요.

삼국 동맹과 삼국 협상이 대결을 벌이다

당시 오스트리아는 독일, 이탈리아와 함께 '삼국 동맹'을 맺고 있었어요. 동맹의 내용은 세 나라 중 하나라도 다른 나라로부터 공격을 받으면 군사를 보내 서로 돕자는 것이었지요.

한편, 러시아는 영국, 프랑스와 동맹 관계에 있었어요. 이것을 '삼국 협상'이라고 해요. 삼국 협상의 목적은 서로 연합해서 독일이 힘을 키우지 못하게 하는 것이었지요.

독일은 1888년에 빌헬름 2세가 황제 자리에 오르면서 본격적으로 세력을 넓히고 있었어요. 영국, 프랑스, 러시아는 이런 독일의 움직임이 달갑지 않았지요. 특히 영국은 식민지 확보 문제로 독일과 갈등을 빚고 있었어요.

이런 배경으로 삼국 동맹의 동맹군과 삼국 협상의 연합군이 싸우게 되었어요. 이 중 삼국 동맹국이었던 이탈리아는 중립을 지키다가 나중에 연합군 쪽으로 돌아섰어요. 당시 이탈리아는 영국과 싸울 힘도 없었고, 오스트리아와 영토 문제로 사이가 좋지 않았기 때문이에요.

전 세계 제국주의 국가들이 참전하다

제1차 세계 대전에서 가장 치열하게 싸운 나라들은 독일과 영국, 프랑스, 러시아였어요. 독일은 프랑스와 러시아를 이기고 세계의 초강대국이 되려는 욕심을 가지고 있었어요. 그래서 프랑스를 공격하여 파리를 점령하고, 그 뒤에 러시아와 싸운다는 전략을 세웠지요.

그런데 독일의 예상과는 달리 프랑스군과 러시아군의 저항이 만만치 않았어요. 동맹군과 연합군 모두 참호전(땅에 구덩이를 파고 그 안에서 총을 쏘며 벌이는 전투)을 펼쳐 전쟁은 더욱 길어졌지요.

한편, 아시아의 제국주의 국가 일본은 한반도를 식민지로 삼고 중국까지 넘보고 있었어요. 일본은 전쟁에 참여하여 아시아에서 세력을 넓히고 싶어서 중국에 있던 독일 기지를 점령하고 연합군 편에서 싸웠어요. 그리고 유럽과 맞닿아 있던 오스만 제국과 불가리아는 동맹군 편을 들어 싸웠지요. 이렇게 온 세계는 전쟁의 소용돌이에 휘말렸어요.

제1차 세계 대전이 끝나다

1915년, 독일 해군은 영국의 여객선 루시타니아호를 침몰시켰어요. 이일로 100명이 넘는 미국인들이 목숨을 잃자 미국은 독일에 항의했어요.

1916년 서부 전선의 영국군 참호

하지만 독일은 그 뒤로도 공격을 멈추지 않았어요. 화가 난 미국은 중립을 포기하고 1917년 4월, 연합군에 참여했지요.

러시아는 그해 10월에 사회주의 혁명이 일어나 전쟁에서 빠졌어요. 하지만 그래도 승리는 연합군의 것이었어요. 전쟁에서 더 이상 힘을 발휘할 수 없었던 오스트리아는 먼저 항복 선언을 했어요. 그러자 독일도 더 이상 버티지 못하고 두 손을 들었지요. 이렇게 1918년, 마침내 제1차 세계 대전이 끝났어요.

1200여 명이 희생된 루시타니아호 격침 사건

1년 뒤, 연합국은 독일과 베르사유 조약을 맺었어요. 독일은 식민지를 모두 빼앗겼고, 많은 전쟁 배상금을 내야 했지요. 제1차 세계 대전으로 가장 이익을 본 나라는 미국이에요. 전쟁 기간 동안 군수 물자를 팔아 큰돈을 벌었거든요. 미국은 나중에 제2차 세계 대전을 치르면서 더욱 강해져 세계 최강대국으로 발전했답니다.

독일의 무제한 잠수함 작전과 U보트

1917년, 독일은 영국으로 가는 모든 배를 공격하겠다는 무제한 잠수함 작전을 발표했어요. 하지만 이 작전은 오히려 미국을 전쟁에 끌어들이는 결과를 불러왔지요. 전쟁 기간 동안 독일의 잠수함 U보트는 큰 활약을 했어요. U보트는 영국 군함을 몇 차례나 침몰시켜 영국 해군의 자존심을 상하게 했지요. 제1차 대전에는 독가스, 수류탄, 전투기, 탱크 등 새로운 무기가 많이 등장했는데, 잠수함도 그중 하나였답니다.

제1차 세계 대전 때 사용된 U보트

인류 역사상 가장 큰 전쟁
제2차 세계 대전

군인들의 행렬에 인사하는
아돌프 히틀러(1889~1945년)

제1차 세계 대전에서 패배한 독일은 일자리가 줄고 물가가 치솟아 경제적으로 어려움을 겪었어요. 게다가 여러 정당들이 싸움을 벌여 정치도 혼란스러웠지요. 그때 한 사람이 나타나 독일을 자기 손아귀에 움켜쥐었어요. 바로 아돌프 히틀러예요.

독일과 이탈리아, 전체주의에 사로잡히다

1930년대에 독일 정권을 장악한 히틀러는 자신의 정당 나치스만 빼고 다른 정당들을 모두 없애 버렸어요. 정당은 정치적 견해가 비슷한 사람들이 모인 조직이에요. 이런 정당이 여러 개 있어야 어떤 일을 민주적으로 결정할 수 있지요. 그런데 히틀러는 정당이 하나만 있는 일당 독재 체제를 만든 거예요.

히틀러의 나치스 정당이 주장하는 사상을 나치즘이라고 해요. 나치즘은 일종의 전체주의지요. 전체주의란 국가를 위해 개인의 자유를 무시할 수 있다는 생각이에요. 전체주의자들은 국가를 위해서라면 폭력도 사용할 수 있다고 믿지요.

이탈리아도 전체주의 국가였어요. 이탈리아에서는 베니토 무솔리니라는 사람이 1922년에 정권을 잡았어요. 그는 파시스트 당이라는 전체주의 정당을 이끌었지요.

연설하는 베니토 무솔리니
(1883~1945년)

독일이 제2차 세계 대전을 일으키다

아시아의 대표적인 전체주의 국가는 일본이었어요. 일본은 군인들이 권력을 잡고 군국주의를 좇았어요. 군국주의란 군사력을 키워 국가 발전을 이루는 일을 가장 중요하게 여기는 생각이에요.

일본, 독일, 이탈리아와 같은 전체주의 국가들은 다른 나라를 식민지로 삼으려고 안간힘을 썼어요. 결국 이 세 나라로 인해 세계는 다시 전쟁에 휩싸이게 되었답니다.

영국, 전 유럽을 장악한 히틀러의 공격을 막아 내다

1939년 9월 1일, 독일이 폴란드를 침략하면서 제2차 세계 대전이 시작되었어요.

독일이 폴란드를 침략하자, 이틀 뒤 영국과 프랑스가 독일에 전쟁을 선포하고 연합군을 이루었어요. 하지만 제1차 세계 대전 때와는 달리 전쟁 준비를 착실히 한 독일의 힘은 아주 막강했지요. 독일은 1940년 6월에 덴마크와 노르웨이를 점령했고, 네덜란드와 벨기에, 프랑스까지 함락시켰어요.

이렇게 유럽 대륙을 차지한 독일은 이제 영국을 공격하기 시작했어요. 독일은 비행기로 영국을 폭격하여 많은 피해를 입혔지요. 하지만 영국은 막강한 군사력으로 독일 해군을 무찔렀고, 독일 비행기의 공격도 막아 냈어요.

영국을 공격하는 독일의 전투기

독일, 이탈리아, 일본이 동맹을 맺다

영국을 공격하는 데 실패하자 히틀러는 1941년 6월에 소련(러시아가 패망한 후 들어선 사회주의 국가) 침공 명령을 내렸어요. 독일이 전쟁을 계속하려면 소련의 곡창 지대(곡식이 많이 나는 곳)와 석유가 필요했기 때문이었지요. 당시 독일과 소련은 서로 침략하지 않는다는 '독소 불가침 조약'을 맺고 있었어요. 그런데 히틀러가 이 약속을 깨 버린 거예요.

독일군은 승리를 거듭해 그해 9월에 우크라이나를 점령하고 12월에는 소련의 모스크바 근처까지 갔어요. 하지만 소련군의 반격이 거세졌고, 겨울 추위와 식량 부족까지 겹쳐 더 이상 싸울 수가 없었어요. 결국 히틀러는 수백만 명의 병사를 잃고 소련 정복을 포기하고 말았지요.

당시 독일의 주요 동맹국은 이탈리아와 일본이었어요. 이들은 자기네가 국제 관계의 중심 축이라는 뜻으로 스스로 '추축국'이라고 불렸지요.
　한편, 일본은 제2차 세계 대전이 일어나자 동남아시아로 진출하여 프랑스의 식민지였던 인도차이나 반도를 점령했어요. 그러자 프랑스는 미국에 도움을 요청했어요. 미국은 영국, 중국, 네덜란드와 손잡고 일본에 석유 등이 수입되지 못하게 막아 버렸답니다.

일본의 진주만 공격으로 미국이 참전하다

　화가 난 일본은 1941년 12월에 하와이 진주만에 있는 미국의 해군 기지를 공격했어요. 이로 인해 미국이 제2차 세계 대전에 참여하게 되었지요.
　이듬해 여름, 미국이 참여한 연합군은 온 힘을 모아 추축군을 공격했어요. 미국은 태평양에서 일본 함대를 침몰시켰고, 러시아는 자기네 땅을 침략한 독일군을 무찔렀지요. 또 미국과 영국이 중심이 된 연합군은 아프리카에서 독일군에게 승리했어요. 결국 1943년, 연합군은 이탈리아의 항복을 받아 냈어요.

연합군의 노르망디 상륙 작전

추축국의 패배로 끝난 제2차 세계 대전

1944년, 연합군은 미국의 아이젠하워 장군의 지휘 아래 노르망디 상륙 작전에 성공했어요. 이로써 프랑스가 독일의 손아귀에서 벗어났지요. 그리고 1945년 5월, 연합군은 독일의 베를린을 함락시켰어요. 히틀러는 붙잡히기 전에 권총으로 스스로 목숨을 끊었다고 해요.

이탈리아와 독일이 항복한 뒤에도 일본은 전쟁을 계속했어요. 연합국은 1945년 7월에 열린 포츠담 회담을 통해 일본에 무조건 항복하라고 했지만 일본은 듣지 않았지요.

미국은 그해 8월, 일본의 히로시마와 나가사키에 원자 폭탄을 떨어뜨

일본군의 공격을 받은 미국의 진주만 기지

켰어요. 그제서야 일본은 두 손을 들었지요. 이렇게 해서 1945년 8월 15일, 제2차 세계 대전이 막을 내렸어요. 이때 우리나라도 일본의 식민 지배에서 벗어났어요.

전쟁이 끝나고 냉전 시대를 맞다

제2차 세계 대전은 인류 역사상 가장 끔찍한 피해를 남긴 전쟁으로 기록되었어요. 유럽은 폐허가 되었고 무려 5천만 명이 넘는 사람들이 목숨을 잃었어요. 그런데 포화가 터지는 싸움이 끝나자 세계는 곧 냉전(무력을 쓰지 않고 경제나 외교 등을 이용해 싸우는 것) 시대를 맞게 되었어요.

소련은 폴란드, 헝가리 등 여러 동유럽 나라를 사회주의 국가로 만들었어요. 미국은 영국과 프랑스를 지원하여 자본주의를 지키기 위해 노력했지요. 결국 세계는 미국이 중심이 된 자본주의 진영과 소련이 중심이 된 사회주의 진영으로 나뉘어 갈등을 겪게 되었어요.

1945년 8월 9일 일본 나가사키에 떨어진 원자 폭탄

나치스가 벌인 대학살극, 홀로코스트

히틀러는 인종주의를 내세워 유대인을 박해했어요. 인종주의란, 어떤 인종은 우월하고 어떤 인종은 열등하다고 여기는 잘못된 생각이에요. 제2차 세계 대전 동안 히틀러는 유대인들을 수용소에 몰아넣고 일을 시키다가 죽였어요. 이때 6백만 명에 이르는 유대인이 학살당했는데, 이것을 '홀로코스트'라고 해요.

나치스를 상징하는 하켄크로이츠 기

폴란드 아우슈비츠 수용소에 갇힌 유대인들

아프리카 대륙 유럽 식민지의 독립
알제리 전쟁

1960년이 되자 아프리카에도 독립을 쟁취하는 국가들이 나타났어요. 이 해에만 17개국의 나라가 유럽 열강의 지배에서 벗어나 독립을 이루었지요. 이러한 기운에 힘입어 알제리의 민족해방전선은 악명 높은 식민 통치를 해 온 프랑스에 대해 강력하게 투쟁했어요.

1960년, '아프리카의 해'가 되다

1955년 인도네시아 반둥에서 제1회 아시아-아프리카 회의가 열리면서 아프리카 대륙에는 독립에 대한 열망이 피어올랐어요. 반둥 회의에서는 서양 열강의 지배를 받아왔던 아시아와 아프리카의 29개국 대표들이 모여서 식민주의가 사라져야 한다고 외쳤지요.

가나의 초대 대통령
콰메 은크루마
(1909 ~ 1972년)

3년 후인 1958년 아프리카인들은 가나의 수도 아크라에서 전체 아프리카 민족 회의를 열었어요. 이 회의에서 가나의 독립을 이끌었던 콰메 은크루마는 "아프리카 대륙 전체의 해방과 연결되지 않는 우리의 독립은 무의미하다."고 했어요. 이 말에 힘입어 아프리카 각국의 독립 운동이 활발히 전개되었고, 1960년에는 아프리카 대륙의 17개 국가가 영국, 프랑스, 벨기에로부터 독립했지요. 이 1960년을 '아프리카의 해'라 불러요.

아시아-아프리카 회의가 열린
반둥 자유 빌딩

프랑스, 무자비한 식민 통치를 하다

아프리카 북부에 위치한 알제리는 아프리카에서 두 번째로 면적이 넓은 나라예요. 프랑스는 1830년대에 알제리를 식민지로 차지했어요.

프랑스인들은 800만 명의 알제리인 이슬람교도들을 지배하며 통치자로 군림했어요. 이들을 '피에 누아르'라고 부르지요. 100만 명에 지나지 않는 피에 누아르들은 결코 알제리인들에게 권력을 나누어 주지 않았고, 권리를 요구하는 알제리인들을 잔혹하게 학살했어요. 피에 누아르들은 1945년 5월 8일, 알제리 동부에서 일어난 독립 시위에도 무차별 학살로 답했어요.

1900년대 초의 피에 누아르 가족

알제리, 프랑스에 대한 투쟁을 시작하다

알제리인들은 이제 투쟁만이 살 길이라고 생각했어요. 1947년부터 민주자유승리운동 소속의 당원들은 비밀리에 군자금을 모으고, 무기를 구입하여 무장 봉기를 준비했어요. 그러나 지도자 대부분이 체포되어 실패로 돌아갔지요. 하지만 중심 인물인 벤 벨라는 이집트의 카이로로 도망친 다음, 1954년에 다시 민족해방전선을 조직했어요. 봉기 일도 11월 1일로 잡았지요. 민족해방전선은 독립을 하게 되면 알제리를 사회주의 공화국으로 만들기로 했어요.

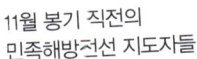
11월 봉기 직전의 민족해방전선 지도자들

튀니스에 임시 정부를 세우고, 프랑스와 싸우다

민족해방전선이 주도한 알제리 무장 투쟁은 무자비한 프랑스 군대의 진압으로 실패했어요. 그러나 알제리의 독립 투쟁은 이후 8년 동안 계속되었지요. 프랑스 내부에서는 민족해방전선의 투쟁을 지지하는 쪽과 알제리의 식민 지배를 주장하는 쪽으로 의견이 갈렸어요. 민족해방전선을 지지하는 사람들은 알제리에 사회주의 공화국을 건설하려는 목표를 가지고 있었지요.

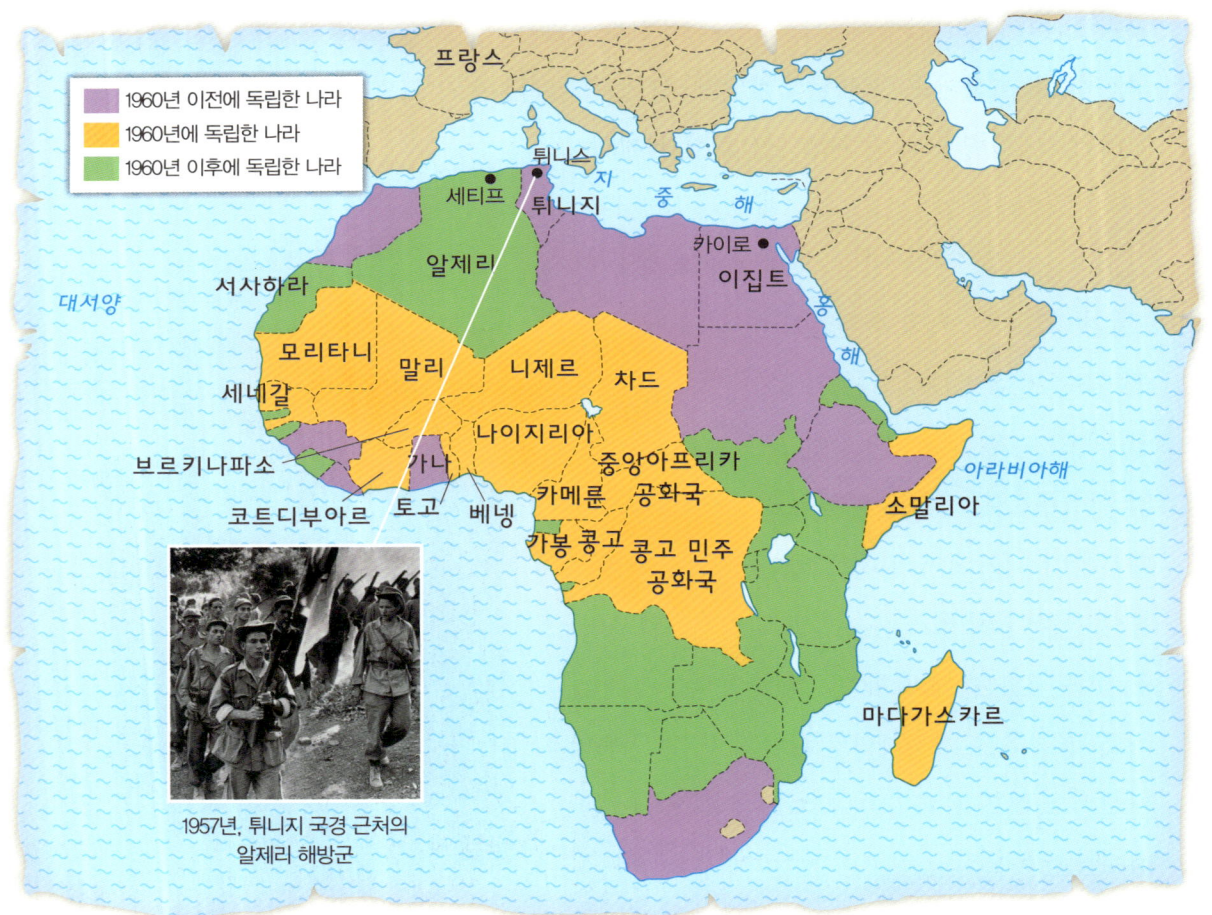

1957년, 튀니지 국경 근처의 알제리 해방군

민족해방전선은 같은 이슬람 국가인 이집트의 지원을 받아 알제리 곳곳에서 독립을 위한 폭탄 테러를 감행했어요. 1958년, 민족해방전선은 알제리와 국경을 접하고 있는 튀니스에 알제리 공화국 임시 정부를 세우고 더욱 조직적으로 저항을 계속했어요.

프랑스, 알제리 독립을 승인하다

프랑스의 드골 대통령은 프랑스와 스위스의 국경 지대에 있는 에비앙에서 민족해방전선과 협상을 벌였어요. 이런 중에도 피에 누아르는 무장 단체를 조직하여 독립을 원하는 알제리인들을 무참히 죽였지요.

드골 대통령과 민족해방전선의 협상 결과에 따라 1962년 7월 1일, 알제리에서 독립 여부를 묻는 국민 투표가 실시되었어요. 투표 결과, 91퍼센트가 독립을 찬성하자 드골 대통령은 이틀 후인 7월 3일, 알제리의 독립을 선언했지요.

알제리 독립 전쟁은 거대 열강 프랑스에 대한 알제리 무장해방전선의 승리로 막을 내렸어요.

독립을 기뻐하는 알제리 국민들

독립이 선언되자 백만 명에 이르는 피에 누아르들은 모두 도망쳤대.

보복이 두려워서였겠지?

강대국 미국의 굴욕으로 남은
베트남 전쟁

1954년, 프랑스에 승리를 거두고 기뻐하는 베트남 독립군

베트남은 1883년부터 프랑스의 식민지였어요. 제2차 세계 대전 중에는 일본의 지배를 받기도 했지요. 그런데 일본이 전쟁에서 패배한 다음 해인 1946년, 프랑스는 다시 베트남을 자기네 식민지로 삼았어요. 베트남은 독립을 위해 프랑스와 전쟁을 벌였지요.

베트남, 남과 북으로 나뉘어 싸우다

베트남에는 오랫동안 독립 운동을 이끈 호찌민이라는 지도자가 있었어요. 그는 사회주의자로, 베트남 국민들의 높은 지지를 받고 있었어요. 결국 호찌민이 이끄는 베트남군은 1954년에 프랑스를 베트남에서 몰아냈답니다. 그런데 미국을 비롯한 서양의 강대국들은 베트남이 사회주의 국가가 되는 것을 원하지 않았어요. 그래서 베트남을 남과 북으로 갈라놓았지요.

이에 따라 베트남의 북쪽에는 호찌민이 이끄는 독립 국가가 들어섰고, 남쪽에는 미국이 지원하는 정권이 세워졌어요. 그런데 남베트남의 대통령인 응오딘지엠은 사람들을 탄압하는 독재 정치를 했어요. 그래서 호찌민을 지지하는 남쪽 사람들이 많아

호찌민(1890~1969년)

나 호찌민, 누가 소원을 묻는다면 제일 먼저 베트남의 독립이라고 할 것이오.

요. 이들은 통일을 위해 베트콩(베트남 민족해방전선)을 만들어 남베트남 정권과 싸웠지요. 호찌민은 이들을 적극적으로 지원했어요.

통킹 만 사건과 미국의 베트남 전쟁 참여를 보도한 신문

미국, 베트남전에 본격적으로 참가하다

미국은 남쪽 정부를 지원했어요. 미국의 케네디 대통령은 남베트남 정권을 돕기 위해 군대를 보냈지요. 뒤를 이어 대통령이 된 존슨은 북베트남을 공격할 계획을 세웠어요.

존슨 대통령은 1964년 8월에 미국 전함 두 척이 베트남과 중국 사이에 있는 통킹 만에서 북베트남의 공격을 받았다고 발표했어요. 이것이 바로 '통킹 만 사건'이에요. 사실 이것은 미국이 북베트남과 전쟁을 하기 위해 꾸민 일이었어요. 이로써 본격적인 베트남 전쟁이 시작되었어요.

라오스와 캄보디아로 확대된 전쟁

미군은 북베트남을 무자비하게 공격했어요. 밀림에 불을 지르고 고엽제(식물의 잎을 말려 죽이는 약품)를 뿌렸지요. 베트콩들이 숨을 곳을 없애고 식량 보급을 막기 위해서였어요. 하지만 전쟁은 쉽게 끝나지 않았어요. 베트콩은 국민들의 지지를 받으며 정글에 숨어 미군과 맞서 싸웠지요. 그러면서 전쟁은 이웃 나라인 라오스와 캄보디아까지 번지게 되었답니다.

무장한 채 강을 건너는 베트콩들

미국, 북베트남의 공격과 반전 여론에 몰리다

미국은 베트남 전쟁을 치르며 유럽 나라들에게 도움을 요청했지만 거절당했어요. 그러자 한국, 오스트레일리아, 필리핀, 뉴질랜드 등의 도움을 받아 전쟁을 계속했지요. 미군은 전쟁에서 어려움을 겪고 있었어요. 북베트남군과 베트콩이 점점 강해졌기 때문이에요. 1968년, 북베트남군과 베트콩은 베트남의 음력 설날인 1월 30일에 남베트남의 서른여섯 개 도시를 기습적으로 공격했고, 남베트남의 수도인 사이공까지 빼앗았어요.

이렇게 되자 미국은 전쟁을 계속하기 힘들어졌어요. 상황이 역전되어 베트남에서 점점 힘을 잃고 있었던 데다가, 미국 안에서도 전쟁에 반대하는 운동이 일어났기 때문이에요.

미국의 수도 워싱턴 D.C.에서 열린 베트남 전쟁 반대 시위

북베트남, 미국에 승리하고 베트남을 통일하다

당시 미국의 대통령이던 닉슨은 북베트남과 평화 회담을 하기로 했어요. 그리고 1969년 6월 이후부터 남베트남에서 미국 군대를 조금씩 철수했지요. 결국 1973년 1월, 프랑스 파리에서 미국, 남베트남, 북베트남, 베트콩의 대표가 모여 평화 회담을 열고, 전투를 중단하기로 하는 휴전 협정을 맺었어요.

하지만 이듬해 12월에 북베트남이 다시 전투를 시작했고, 1975년 4월에 결국 남베트남은 항복했어요. 베트남이 사회주의 공화국으로 통일되면서 비로소 베트남 전쟁이 끝난 거예요.

베트남 전쟁은 미국이 패배한 최초의 전쟁으로 남았어요. 한편 베트남은 많은 희생을 치렀지만 통일 국가를 건설하여 민족의 자존심을 지켰지요.

휴전 협정에 서명하는 미국 국무 장관

흥미진진 전쟁 상식!
베트남 전쟁이 남긴 상처, 고엽제 후유증

베트남 전쟁 때 미군이 뿌린 고엽제를 맞은 많은 사람들은 두통, 피부 질환, 암 등의 후유증으로 고통받고 있어요. 고엽제에는 몸에 해로운 다이옥신이라는 성분이 들어 있기 때문이에요. 1994년에 베트남 정부는 약 200만 명이 고엽제 후유증으로 고통받고 있다고 발표했어요.

베트남 전쟁에 참가한 우리나라 군인들 중에도 고엽제 후유증을 앓는 사람들이 많아요. 정부는 법을 만들어 이들의 치료를 지원하고 있답니다.

베트남 밀림에 고엽제를 뿌리는 미군 헬리콥터

영토와 석유를 둘러싼 충돌
이란·이라크 전쟁

이라크는 서아시아에 있는 나라예요. 서아시아 지역은 석유와 영토, 종교 때문에 분쟁이 많이 일어나는 곳이지요. 이슬람 국가인 이라크는 유대교를 믿는 이스라엘과도 싸웠지만, 같은 이슬람 국가와도 전쟁을 했어요. 이라크가 벌인 대표적인 전쟁이 이란·이라크 전쟁이에요.

민족, 종교, 영토 문제로 대립한 이란과 이라크

이란은 페르시아인이, 이라크는 아랍인이 가장 많은 비율을 차지하고 있어요. 두 민족은 오랜 세월 서로 사이가 좋지 않았지요. 게다가 이란과 이라크는 둘 다 이슬람교 국가지만 서로 다른 교리를 따랐어요. 이런 민족과 종교의 차이는 이란·이라크 전쟁이 일어나는 배경이 되었어요.

또 다른 이유는 두 나라 사이에 있는 샤트알아랍 강 때문이에요. 이 강은 석유를 실은 배들이 드나드는 페르시아 만과 연결되어 있어 경제적으로 중요한 곳이에요. 이란과 이라크는 1930년대부터 이 강의 소유권을 놓고 다투었지요.

협정을 맺고 샤트알아랍 강을 나누어 갖다

이라크는 영국의 지원을 받아 1937년에 이란과 조약을 맺고 샤트알아랍 강을 차지했어요. 그런데 1970년에 이란의

1970년대, 이라크의 수도 바그다드의 모습

오늘날 샤트알아랍 강의 이라크 순찰대

팔레비 국왕이 이 강을 빼앗았지요. 미국의 도움으로 군사력을 키운 뒤에 이라크의 힘이 약해진 틈을 타 기회를 잡은 것이었어요.

이때부터 이란은 샤트알아랍 강을 마음대로 드나들었어요. 여기에 그치지 않고, 이라크 안에 있는 쿠르드족을 지원해서 이라크를 자극했지요. 당시 이라크는 쿠르드족의 독립을 막기 위해 내전을 벌이고 있었어요.

결국 이란과 이라크는 몇 차례 싸움을 벌였어요. 하지만 이런 싸움이 전쟁으로 번지지는 않았지요. 당시 이라크는 쿠르드족의 반란을 가라앉히는 데 신경 써야 했기 때문에, 이란과 전쟁을 벌일 수 없었어요.

1975년, 알제리의 수도에서 석유수출국기구(OPEC) 정상 회담이 열렸어요. 이 자리에서 이란과 이라크가 영토 문제에 대한 국경 협정인 알제 협정을 맺었지요. 이 협상을 통해 이란은 이라크 안의 쿠르드족을 지원하지 않고, 이라크는 샤트알아랍 강의 가장 깊은 곳을 중심으로 국경을 나누기로 했어요.

사담 후세인
(1937 ~ 2006년)

아야톨라 루홀라 호메이니
(1902 ~ 1989년)

이라크의 공격으로 이란·이라크 전쟁이 발발하다

이라크는 이란과 알제 협정을 맺은 뒤에 샤트알아랍 강을 다시 온전히 차지할 기회를 엿보았어요. 사실 알제 협정은 당시 이라크가 힘이 없었기 때문에 이란에게 유리하게 맺어진 것이었거든요. 그런데 그때, 이라크에 사담 후세인이라는 사람이 나타났어요. 후세인은 1979년에 이라크의 대통령이 된 뒤 미국의 지원을 받아 군사력을 키웠어요.

같은 해, 이란에서는 아야톨라 루홀라 호메이니라는 사람이 이슬람 혁명 정부를 세웠어요. 호메이니는 미국과 관계를 끊고 이슬람 국가들의 혁명을 추진했어요.

그러자 미국은 이란에 대한 원조를 끊고 이라크와 친하게 지냈어요. 서

아시아에서 이슬람 혁명이 번지는 것을 막기 위해서였지요. 1980년, 후세인은 미국의 힘을 등에 업고 이란을 공격했어요. 일방적으로 알제 협정을 깨 버린 거예요. 이렇게 해서 이란·이라크 전쟁이 시작되었답니다.

이라크의 승리로 이란·이라크 전쟁이 끝나다

이란·이라크 전쟁은 8년 동안이나 계속되었어요.

이란과 이라크 양쪽을 합쳐 35만 명이 죽고, 55만 명이 다쳤지요. 경제적 피해도 수천 억 달러에 달할 만큼 컸어요. 이란·이라크 전쟁이 길어진 이유는 두 나라만의 문제가 아니었기 때문이에요. 이란은 미국을 싫어했기 때문에 사회주의 국가인 소련의 도움을 받았어요. 미국은 서아시아에서 소련의 영향력이 커지는 것을 막으려고 이라크를 지원했지요. 서아시아 국가들도 서로 지지하는 나라가 달라 편이 갈렸어요. 이렇게 여러 나라들이 관여하여 전쟁이 길어진 거예요.

이란·이라크 전쟁은 1988년 8월, 미국의 도움을 받은 이라크의 승리로 끝났어요. 이란은 전쟁이 끝난지 오래인 지금까지도 미국의 경제 제재로 어려움을 겪고 있어요. 한편, 이라크는 전쟁을 통해 강력한 군대를 가지게 되었습니다.

이란·이라크 전쟁에서 희생된 이란 군인들의 묘지

100만 명에 가까운 사람들이 다치거나 목숨을 잃었다니! 전쟁은 승자가 없는 싸움이구나.

전쟁의 승리를 기념하는 이라크의 개선문 '승리의 손'

대량 살상 무기와 검은 황금
이라크의 전쟁

현대에 들어 인구가 급속히 늘어나고 산업이 발달하면서 지구촌은 자원이 고갈될 위기에 처해 있어요. 그래서 대표적인 동력 자원인 석유는 수십 년 안에 완전히 고갈될 것으로 예상되지요. 미국을 비롯한 강대국들은 물론 이라크도 검은 황금이라고 불리는 석유를 확보하기 위해 전쟁을 일으켰어요. 그 첫 번째가 1991년에 일어난 걸프 전쟁이고, 두 번째가 2003년에 일어난 이라크 전쟁이에요.

이라크의 쿠웨이트 침공이 걸프 전쟁을 일으키다

걸프 전쟁은 이라크의 사담 후세인이 쿠웨이트를 침공한 것을 계기로 다국적군이 참여하게 된 국제 전쟁을 말해요. 1991년, 이라크의 지도자 사담 후세인이 쿠웨이트를 침공했어요. 이라크의 속셈은 매장량이 풍부한 쿠웨이트의 유전을 확보하여 경제를 회복하려는 것이었어요. 당시 이라크는 이란과의 오랜 전쟁으로 경제적인 어려움에 처해 있었거든요.

국제연합 안전보장이사회는 "이라크가 1991년 1월 15일까지 쿠웨이트에서 철수하지 않을 경우 무력 사용을 승인한다."는

> **잠깐! 국제연합 안전보장이사회란?**
> 국제연합의 주요 기구 중 하나로, 국제 평화와 안전을 유지하기 위해 분쟁을 조정하는 일을 해요.
> 분쟁이 있는 나라들끼리 평화적인 방법으로 문제를 해결하도록 권고하고, 때로는 적극적으로 개입하거나 강제 조치를 취하기도 합니다.

이라크의 침략으로 인한 희생자들을 기리는 쿠웨이트 알쿠레인의 기념관

결의안을 냈어요. 그러나 이라크가 전혀 철수할 기미를 보이지 않자, 미국, 영국, 프랑스를 포함한 33개 나라가 UN 다국적군을 구성하여 이라크에 전쟁을 선포했어요.

쿠웨이트 상공을 날고 있는 미국의 전투기들

전쟁이 40여일 만에 끝나다

걸프 전쟁은 1991년 1월 17일, 다국적군이 이라크를 공습하면서 시작되었어요. 전쟁은 42일 동안 100시간의 지상전을 벌인 후에 끝났지요. 다국적군 사령관이었던 미국의 슈워츠코프 대장은 '사막의 폭풍 작전'을 펼쳐 이라크를 압박했어요. 이 작전은 이름과 같이 최신 무기들을 30초에 한 발 꼴로 하루 평균 2천 번씩 폭풍처럼 쏟아붓는 것이었어요. 다국적군의 폭격으로 전 국토가 초토화되자 이라크는 항복을 선언했지요.

걸프 전쟁에 참전한 다국적군은 모두 75만 명이었는데, 그 중 40만 명이 미군이었어요. 걸프 전쟁으로 이라크는 정규군 약 10만 명이 목숨을 잃었고, 15만 명이 부상당했으며, 15만 명이 실종되었어요. 포로도 6만 명에 이르렀지요. 그러나 연합군의 사망자 수는 약 230명에 불과했어요.

미국, 이라크 전쟁을 일으키다

2001년 9월 11일, 오사마 빈 라덴이 이끄는 테러 단체인 알카에다가 미국 뉴욕에 있는 세계 무역 센터 빌딩에 비행기를 연달아 충돌시켰어요.

9·11테러 당시의 세계 무역 센터 건물

조지 W. 부시
(1946년~)

이 테러 사건 이후 미국은 테러의 주동자인 오사마 빈 라덴을 잡는다는 구실로 2001년에 아프카니스탄 전쟁을, 2003년에 이라크 전쟁을 일으켰어요.

이라크 전쟁을 일으킬 당시 미국의 부시 대통령은 이라크의 후세인 정권을 세계 평화를 위협하는 '악의 축'으로 지목했어요. 또 이라크가 많은 사람을 한꺼번에 공격할 수 있는 대량 살상 무기를 가지고 있기 때문에 공격해야 한다고 했지요.

그러나 이라크 전쟁에는 미국을 비롯한 연합국들의 경제적인 계산이 깔려 있었어요. 연합국으로 참여한 영국, 독일, 이탈리아 모두 이라크가 가지고 있는 석유에 눈독을 들이고 있었거든요.

2003년 4월, 후세인의 궁전을 습격하는 미군

미국은 여기에 전쟁을 통해 경제 침체를 떨쳐 버리겠다는 속셈도 가지고 있었어요. 특히 미국의 무기상들은 걸프 전쟁 이후 개발한 신무기들의 성능을 실제 전쟁에서 실험해 보고 싶어 했고, 한동안 전쟁이 일어나지 않아 창고에서 녹슬어 가고 있는 무기를 한 번에 소비해 버리겠다는 야심찬 계획도 세웠지요.

이라크의 사담 후세인 정권이 무너지다

부시 대통령은 이라크 전쟁에서 승리하여 사담 후세인 정권을 몰락시키고, 그를 사로잡아 처형시켰어요. 이러한 이라크 전쟁 과정에서 기국의 패권주의가 다시 한 번 세계를 숨죽이게 하였지요.

2011년, 미국의 오바마 대통령은 이라크 전쟁을 끝내겠다고 선언했어요. 그동안은 미군 17만 1천 명이 이라크에 주둔하고 있었지요. 전쟁 비용만도 9천억 달러가 들었어요. 그러나 많은 희생에도 불구하고, 미국이 전쟁의 명분으로 내세웠던 대량 살상 무기는 발견하지 못했어요. 결국 이라크 전쟁은 세계에 미국의 힘만 과시한 전쟁이 되고 말았습니다.

잠깐! 패권주의란?
강력한 군사력으로 세계를 지배하려는 강대국의 제국주의적 정책을 말해요.

그런데 서아시아 지역에서는 왜 이렇게 자주 전쟁이 일어나죠?

이라크, 쿠웨이트, 아프가니스탄, 이란 등의 나라가 있는 서아시아 지역은 세계에서 석유가 가장 많이 묻혀 있는 곳이야. 강대국들이 이곳의 석유를 차지하기 위해 서아시아 나라들의 문제에 간섭하면서 전쟁이 일어나는 경우가 많지.

지은이와 쓴 글

양오석
1장 10, 11
2장 1, 2, 3, 4
3장 2, 3, 4
4장 1
5장 1, 3, 5
6장 1, 2, 4, 5

송영심
1장 1, 2, 3, 4, 5, 6, 7, 8, 9
2장 5
3장 1
4장 2, 3, 4, 5, 6
5장 2, 4, 6
6장 3, 6

사진 출처

독립기념관, 동학농민혁명 기념재단, 연합뉴스, 전남대학교 역사문화연구소, 전쟁기념관, 전주 경기전, shutterstock, Wikimedia commons(Sayf al-Vâhidî, Hérât, Joachim Bouvet 1697, Nogawa, Tsumekichi 野川常吉, cc-by-sa-2.5, Corporal Thomas Marotta, U.S. Department of Defense, Li Min (黎民), Praxinoa, Jastrow(2006), Joanbanjo, Ruthven (talk · contribs), Marie-Lan Nguyen (2010), Edwin Lee, Ludmiła Pilecka, Benutzer:Wolpertinger on WP de, PHGCOM, Jastrow (2006), Ahazan, Dennis Jarvis from Halifax, Sir Langan, Photographer:Dr. Meierhofer, Thyes, Ji-Elle, Reckleben, Jan Frederik Christiaan, Francis Grose, Wittenberg: Melchior Lotter d.J., 1522, John Trumbull, Jacques-Louis David, Guaman Poma de Ayala, William Daniell, D. Van Nostrand, Nathaniel Currier and James Merritt Lves, Alaskan Dude, Anton von Werner, wilhelm Camphausen, Alfred Leete, Achille Beltrame, Ernest Brooks, USN, Ministry of Education and Culture, saber68, RM Gillespie, Leena Krohn, Brian K. Grigsby, AFP, نامعلوم, Eric Draper, Lance, Marine Lieutenant Tim McLaughlin, my self, Martin Tovae y Tovar), Wikipedia(PENG Yanan(Neo-Jay), good friend 100, Sasha Friedman, 전주 경기전, hulbert Homer B, P. F. Collier & Son, Driedprawns, Αγνωστος,, درفش کاویانی, Steve Swayne, Pierre Duflos, icelight from Boston, Marcus Gheeraerts the Younger, Fr. Jeronimus Munghofer, Lucas Cranach, 16th-century engraver, User:Petri Krohn, After Gerard ter Borch, 17th-century print, Samuel Cooper, Parliament of the United Kingdom, Andrew Carrick Gow, Nathaniel Currier, John Trumbull, Howard Chandler Christy, J. M. W. Turner, Juan Lepiani, Henri Meyer, Francis Hayman, Rudolf 1922, L1CENSET0K1LL, Vasily Vereshchagin, Franz von Lenbach, Georg Bleibtreu, Edward Linley Sambourne, Ron4, New York Zoological Society, Knudsen, Robert L. (Robert LeRoy), Jim Gordon, Arwcheek (talk)arwcheek, US Air Force, Lance Corporal Kevin C. Quihuis Jr, PENG Yanan, the user's homepage, hairwizard21, Afghanistan, Steve46814, Steve46814, Kang Byeong Kee, The National Jinju Museum, Kang Byeong Kee, {PD-old}}, , FranceGanghwa.jpg, Nogawa, Tsumekichi 野川常吉, Wikipedia user Canadiana, Untourengrece, Christophe Meneboeuf, jjjshumate@earthlink.net, de:Benutzer:Ticinese), J L G Ferris, Stefan Stefan Schäfer, Lich, Photograph: Luis García (Zaqarbal), T. H. Mannerhow Illustrated by Allan Stewart, follower of the Luçon Master, First Master of the Grande Bible Historiale Complétée of Jean, Duc de Berry (Paris, BNF, fr. 159) or Ravenelle Master (illuminators), PericlesofAthens, Canada, Zhangmoon618, Deadkid dk, Matthias Süßen, Philipp Clüver, Maître François (illuminator), Mark Zamoyski, Hektor Mülich[1] (d. 1490), Chludov 9th century, israeltourism from Israel, Said Tahsine (1904-1985 Syria), French manuscript illuminator, Moriori, 竹崎季長, BabelStone, en:User:User:Argos'Dad, Fausto Zonaro, MarkusMark, en:User:The Land, MA, US, George Gower)

- 이 책에 실린 사진은 저작권자의 허락을 받아 게재한 것입니다.
- 저작권자를 찾지 못해 게재 허락을 받지 못한 일부 사진은 저작권자가 확인되는 대로 게재 허락을 받고 통상 기준에 따라 사용료를 지불하겠습니다.

찾아보기

ㄱ

가톨릭 연맹 · 120
강감찬 · 31
강조의 정변 · 30
강화도 조약 · 54
거북선 · 39
걸프전 · 182
게르만 족 · 86
게티즈버그 전투 · 150
계림도독부 · 25
계몽주의 · 136
고구려 멸망 · 23
고구려 천리장성 · 20
고려 · 28
고려 천리장성 · 33
고르디우스의 매듭 · 75
고엽제 · 177
고조선 멸망 · 17
고조선 · 14
공손수 · 16
광해군 · 42
95개조 반박문 · 118
9·11 테러 · 184
국제연합 안전보장이사회 · 182
권율 · 39
귀주 대첩 · 31
그랜트 장군 · 151
기벌포 싸움 · 27
김윤후 · 35
김일성 · 59
김춘추 · 24
김통정 · 36

ㄴ

나당 연합 · 24
나당 전쟁 · 26
나치스 · 164
나폴레옹 · 133
낙랑군 · 17
난징 조약 · 141
남부 연합 · 149
남북 휴전 협정 · 61
남한산성 · 44
냉전 시대 · 169
노량 해전 · 40
노르만족(바이킹) · 91
노르망디 상륙 작전 · 168
노예 제도 · 148
누미디아 · 79

ㄷ

다루가치 · 34
다리우스 1세 · 64
다리우스 3세 · 73
단군왕검 · 14
당 태종 · 20, 23
대독일주의 · 152
대량 살상 무기 · 184
대륙 봉쇄령 · 134
대포와 기사 계급 · 103
대한민국 · 58
델로스 동맹 · 68
도요토미 히데요시 · 38
독립 선언서 · 128

독소 불가침 조약 · 166
동고트족 · 87
동인도 회사 · 145
동학 농민 운동 · 51
드레이크 · 115

ㄹ

라플라타 · 138
러일 전쟁 · 56
레히펠트 전투 · 91
로물루스 아우구스툴루스 · 88
로물루스와 레무스 · 76
리메스 · 36
리처드 1세 · 94

ㅁ

마라톤 전투 · 65
마르틴 루터 · 118
마추픽추 · 113
만리장성 · 82
매소성 전투 · 27
맥아더 장군 · 59
메이플라워호 · 126
메흐메트 2세 · 102
면벌부(면죄부) · 118
명도전 · 14
명량 해전 · 40
몽골 기마병 · 34
몽골 기병 · 97
몽양 여운형 · 58
무굴 제국 · 147

무솔리니 · 164
무적함대 · 114
무제한 잠수함 작전 · 163
문무왕 · 26
밀집 방진 · 67

바스티유 감옥 습격 · 132
반달족 · 88
발렌스 황제 · 87
발렌티아누스 3세 · 88
발칸 반도 · 159
배금 친명 · 43
백 년 전쟁 · 107
백범 김구 · 58
백의종군 · 40
법가 · 80
베스트팔렌 조약 · 121
베트남 전쟁 반대 시위 · 176
베트콩(베트남 민족해방전선) · 175
별동대 · 20
병인박해 · 47
병인양요 · 47
병자호란 · 43
보스턴 차 사건 · 127
부르고뉴파 · 108
북독일 연방 · 154
북벌 운동 · 45
북부 연방 · 151
북진 정책 · 28
비스마르크 · 152
비잔티움 제국 · 101

비파형 동검 · 17
빌헬름 1세 · 152

4군현 · 17
사담 후세인 · 180
사라예보 사건 · 159
사막의 폭풍 작전 · 183
사발통문 · 51
산티아고 · 139
살라딘 · 93
살라미스 해협 · 67
살수 대첩 · 20
삼국 동맹 · 161
삼국 협상 · 161
삼단노선 · 66
삼별초 · 36
삼전도 · 44
38선 · 58
샤트알아랍 강 · 178
서고트족 · 87
서희의 외교 담판 · 29
선박세 · 124
섬터 요새 · 149
성상 숭배 금지령 · 91
성지 순례 · 92
세계 대전 · 158
세도 정치 · 46
세포이 · 145
세포이의 항쟁 · 146
셀주크 튀르크족 · 92, 100
소독일주의 · 152

소손녕 · 29
수 황제 문제 · 18
수나라 평양성 공격 · 20
수나라 · 18
수렵도 · 18
수성전 · 21
스키피오 · 79
스튜어트 왕조 · 122
시몬 볼리바르 · 136
시칠리아 섬 · 70, 76
신교파 연합 · 119
신라의 삼국 통일 · 27
신미양요 · 48
신성 로마 제국 · 91
십자군 전쟁의 결과 · 95

ㅇ

아돌프 히틀러 · 164
아르마탸크파 · 108
아방궁 · 83
아야톨라 루홀라 호메이니 · 180
아우크스부르크 제국 회의 · 119
아이고스포타미 해전 · 71
아이티우스 · 88
아타우알파 · 111
아테네의 번영 · 68
아편 전쟁 · 141
아프리카의 해 · 170
악의 축 · 184
안동도독부 · 25
안승 · 26
안시성 전투 · 23

알렉산드로스 대왕 · 72
알제 협정 · 179
알제리 독립 · 173
알제리 민족해방전선 · 171
알키비아데스 · 70
애로호 사건 · 142
양복과 순체 · 15
에게 해 · 64
에드워드 3세 · 106
에이브러햄 링컨 · 149
엘리자베스 1세 · 115
연나라 · 14
연방 정부 · 148
연합 정부 · 148
영방 국가 · 152
영양왕 · 18
오고타이 칸 · 97
오도아케르 · 88
오를레앙 · 108
오사마 빈 라덴 · 184
오스만 제국 · 100
올리버 크롬웰 · 125
왕당파 · 123
왕정 복고 · 125
외규장각 도서 · 47
요크타운 전투 · 129
용병술 · 78
우거왕 · 15
우금치 전투 · 53
우중문 · 20
우파 · 58
운제 · 33
웅진도독부 · 25

위만 조산 · 14
645년 수나라 고구려 공격 · 22
612년 수나라 고구려 공격 · 18
6·25 전쟁 · 59
을사조약 · 57
을지문덕 · 20
의회파 · 123
이괄의 난 · 43
이라크의 쿠웨이트 침공 · 182
이란·이라크 전쟁 · 180
이순신 · 39
이스탄불 · 103
이오니아 · 64
인권 선언 · 132
인내천 · 50
인조반정 · 43
인해 전술 · 61
임진왜란 · 38
잉카 제국 멸망 · 113
잉카 제국 · 110

ㅈ

잔 다르크 · 109
장기전 · 21
장미 전쟁 · 106
전봉준 · 50
정당 · 164
정묘호란 · 43
정유재란 · 40
제1차 세계 대 · 159
제1차 십자군 전쟁 · 93
제2차 세계 대전 · 165

제2차 십자군 전쟁 · 93
제2차 십자군 전쟁 · 94
제국주의 국가 · 158
제국주의 국가 · 158
제국주의 · 57
제너럴 셔먼호 · 48
제임스 1세 · 122
제임스 타운 · 126
젠트리 · 122
조병갑 · 50
조선 민주주의 인민 공화국 · 59
조선총독부 건물 · 57
좌파 · 58
주원장 · 99
주화파 · 44
준왕 · 14
중계 무역 · 14
중장 보병 · 67
지하드 · 93
진승·오광의 난 · 83
진 시황제 · 80
진 시황릉 · 83
진흥왕 · 24

ㅊ

찰스 1세 · 122
참호전 · 162
처인성 전투 · 35
척화비 · 49
척화파 · 43
철혈 정책 · 153
첨성단 · 14

청교도 혁명 · 125
청야전 · 21
청일 전쟁 · 52
최제우 · 50
추축국 · 166
춘추 전국 시대 · 80
친송 정책 · 28
7웅 · 80
칭기즈 칸 · 34, 96

ㅋ

카라카스 · 137
카롤루스 대제 · 90
카르타고 · 76
칸 · 96
칼뱅파 · 121
케추아 족 · 111
코르테스 · 110
콘스탄티노폴리스 · 100, 102
콘스탄티누스 대제 · 100
콜럼버스 · 110
콰메 은크루마 · 170
쿠데타 · 133
쿠빌라이 칸 · 98
쿠스코 · 111
크레시 전투 · 107
크루프 대포 · 155
크리오요 · 136
크세르크세스 1세 · 66
클레르몽 공회의 · 92

ㅌ

탁자식 고인돌 · 17
태조 왕건 · 28
태조 이성계 · 38
테무친 · 96
톈진 조약 · 143
톤세 · 124
통상 수교 거부 정책 · 46
통킹 만 사건 · 175
투르 푸아티에 전투 · 90
투생 루베르튀르 · 139
트라팔가 해전 · 134

ㅍ

파시스트당 · 164
파운드세 · 123
판문점 · 61
팔만대장경 · 35
패권주의 · 185
페니키아 인 · 76
페르디난트 2세 · 120
페르시아 · 64
페리클레스 · 68
펠로폰네소스 전쟁 · 69
펠리페 2세 · 114
폐정 개혁안 · 52
포노 · 33
포에니 전쟁 · 77
포츠담 회담 · 168
포츠머스 조약 · 57
폴리스 · 64

프랑크 왕국 · 89
프로이센·덴마크 전쟁 · 153
프로테스탄트의 바람 · 116
프리드리히 1세 · 94
플라시 전투 · 145
플랑드르 · 106
플리머스 식민지 · 126
피사로 · 110
피에 누아르 · 171
필리포스 2세 · 72
필리프 2세 · 94
필리프 6세 · 106

ㅎ

학익진 · 39
한니발 장군 · 77
한 무제 · 15
헬레니즘 문화 · 75
호국경 · 125
호세 데 산 마르틴 · 138
호찌민 · 174
호킨스 · 115
홀로코스트 · 169
후금 · 42
훈족 · 87
흉노족 · 81
흑사병 · 107
흥선 대원군 · 46

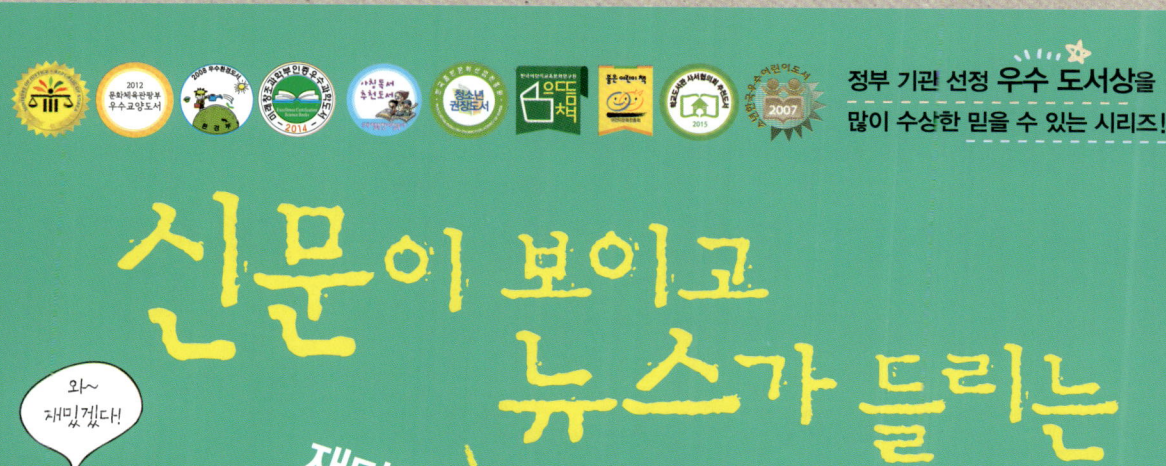

정부 기관 선정 **우수 도서상**을 많이 수상한 믿을 수 있는 시리즈!

신문이 보이고 뉴스가 들리는 재미있는 이야기 시리즈

와~ 재밌겠다!

전 과목 교과학습, 시사상식, 논술대비까지 해결하는 통합교과학습서!

전 과목 교과 지식과 함께 다양한 사회·세계 이슈를 소개하고, 이해하기 쉽게 설명합니다.
서술형 시험과 구술, 논술 시험에 필요한 배경 지식을 쌓고 통합 사고력을 키울 수 있습니다.

전 41권 | 각 권 12,000원

'환경부 우수환경도서' 선정 | '미래창조과학부 우수과학도서' 선정 | '법무부 추천 도서' 선정 | '문화체육관광부 우수교양도서' 선정
'아침독서 추천 도서' 선정 | '어린이문화진흥회 좋은 어린이책' 선정 | '소년한국 우수어린이도서' 선정 | '학교도서관 사서협의회 추천 도서' 선정
'한국출판문화산업진흥원 청소년 권장도서' 선정 | '한국어린이교육문화연구원 으뜸책' 선정 | 한우리가 선정한 좋은 책

사회와 추리의 만남
모든 사건의 열쇠는 사회 교과서에 있다!

대한민국 대표 어린이 추리 동화
〈어린이 과학 형사대 CSI〉를 잇는 또 하나의 시리즈,
교과서 속 핵심개념으로 사건을 풀어가는
'어린이 사회 형사대 CSI'의 이야기!

다섯 친구들이 펼치는 좌충우돌 형사 학교 이야기.
이제부터 사회 CSI와 함께 흥미진진한
사건들을 해결해 보자!

사회 형사대 CSI 시즌 1 완간!

❶ CSI, 탄생의 비밀 ❷ CSI, 힘겨운 시작 ❸ CSI에 도전하다 ❹ CSI, 파란만장 적응기
❺ CSI, 위기에 처하다 ❻ CSI, 경찰서 실습을 가다 ❼ CSI, 영국에 가다
❽ CSI, 정치 사건을 해결하다 ❾ CSI, 멋진 친구들! ❿ CSI, 새로운 시작!